真田信治

変わりゆく時見るごとに

私のライフステージ

桂書房

変わりゆく時見るごとに　私のライフステージ

●目次

終戦の頃

越中五箇山郷、ユネスコの世界文化遺産に指定された、いわゆる合掌造り民家が点在する北陸・富山の秘境。その地で私は生まれた。太平洋戦争終結の翌年のことである。

当時、アメリカ占領軍（進駐軍）による施策の第一に日本の民主化という大きな目標があった。そして、「新憲法講習会」なるものが各地で開かれた。特に対象とされたのは首長の無投票当選の市町村であった。ふるさと五箇山の上平村（現・南砺市）も該当する村であったので、そのターゲットになったようである。

一九四七年の一一月、その講習会がふるさとの中学校を会場として開催された。そのときの状況について、石田外茂一は「五箇山民俗覚書」（注）のなかで、次のように書き記している。

七十年ほど前のことである。

講習会々場である皆葎校へ出掛けた。九時大分過ぎてからジープが着いた。陪乗して来た村長にツイタテの陰でどれが一番えらいんですかと訊くと、赤いネクタイの丈の高いのと答えてせわしげに応接間を出て行った。それと思われる人に近付いて自己紹介した。グリフィンという人だった。働き盛りという年令にはいった、整った目鼻立ちに鼻眼鏡をかけた、キビキビした愛想のい、人で、フランクな態度で私に握手を与え、一度で聞き覚えてしまった私の名前を言いながら他のアメリカ人に紹介し、通訳女から大井さんや田村さんという婦人講師にまで紹介するのだった。二、三語交わした後に、私は少しお話ししたいことがあると言った。では昼飯の時にホテルへ来てほしいということになった。

石田外茂一は当時、上平村の上平中学校の校長の職にあった。上平中学校は、学制改革により、この年の四月に創設され、西赤尾集落に本校が、皆葎集落に分校が設置された。この講習会は、分校である皆葎校を会場として開催されたのであった。

会場へ行ったらグリフィンさんの挨拶のところだった。デモクラシーなどと言った言葉はオクビにも出さず、庄川沿いの山々の紅葉の美しさをユーモアたっぷりで絶讃して、素朴な聴衆の顔をほころばせるといった好スピーチだった。それに続いてヤンギーストさんの挨拶があった。この人は富山に属する人で講習会監督の責任者だった。丈の高くないグルーミーな、きまじめな、ハニカミやらしい人であって、日本人なれしたグリフィンさんはわかりやすいように一語一語明晰に発音してくれたのだが、この人の口ごもった言い方では私には聞き取れなかった。この二人を対照してみて、私は、旧師である二人の英詩人ニコルズ先生とブランデン先生とを思い出した。

前者は熱情を陽性に現した人で明朗闊達であり、講義が調子にのってくると教卓のまわりを何回もぐるぐるまわって遂にはその上に飛び上がって、大きな身振りで芝居の真似などする人だった。帰国の際、お別れの言葉を述べて巨躯をゆり動かし手ばなしでワンワン泣き出した人だった。

後者は熱情を陰にこもらせた、シミジミとしたその愛、虫、魚に及ぶといった人で、講義の時よりもむしろ帝大の構内を小柄な猫背で学生たちと語り合いながら歩いている姿が私の記憶に残っているという風な人だった。あの二人を目の当たりに見るような気がして学生時代の錯誤に陥るのを感じた。

石田は、一九〇一年金沢生まれ、東京帝国大学を卒業後、開成中学の英文学教師をしていたが、一九四五年三月の東京大空襲を経験し、ある意志をもって五箇山に移住。家族で山中での生活を支えあいながら、戦中戦後の約五年間を教員として五箇山で過ごし、村人の啓蒙に尽くした人物である。

会が終って、ジープのリヤカーに私たちは乗れるだけ乗せてもらった。こうした満載にもかゝわらず易々として進んで行くジープの馬力の強さに皆々驚嘆しているうちに、庄川峡谷を右に見て岩屑だらけの登り道を走り抜いて赤尾館に着いた。

二階へ上るとグリフィンさんは、コダツ、コダツと言ってコタツの炉のふちに座布団をなおして私を請じてくれた。

ポケットから芥川の「河童」の英訳を出して、カッパ、カッパとうれしそうに私に見せた。私も持っている物だった。見返し絵は、ススキをかついだ河童の図で文学の鬼龍之介が長崎の某料亭の屏風に描いた酔筆だろうか。原子爆弾であの屏風もふっ飛んだかそれとも残っているかと、皮肉な複雑な悲しみを感じてそれを語ろうとしたが、充分に言い現せなかった。とにかく二人で日本語と英語とのチャンポンで話し出した。

一行の宿所になったのは、中学校本校の所在地、西赤尾にある旅館「赤尾館」であった。皆葎と西赤尾の距離は約七キロである。

原爆に対する石田の思いが伝わってくる。

私は、今まで軍政部の人が来ても、この地の者に与えた感じは、いゝものではなかったが、今日は貴方がたの話を村人はハッハ、ハッハと笑いながら聞くことができたのはこれまでにない、よい結果だったと言うと、グリフィンさんは急に真顔になって通訳を呼んで、充分わからなかったからもう一度言ってくれといって、前に来た人たちの事を根ほり葉ほり訊こうとするのだった。たとえばラッパだが、これを没収されるのは致し方ないとして、なぜ没収したラッパを奏いて行くのだ。これは屈辱的な記憶だった。村人は言い言いしていた。「シンチューグンが青年学校のラッパをふいて行きやがった」と。だが私は、グリフィンさんは京都の方から来た人なので富山のMGを監督する関係にある人かもしれないと思って、その話題を避けて他に話をうつした。当時国民の生活を恐威していたヤミの問題に移った。

ここでの「ラッパ」の話は、米軍政部（富山方面隊）の捜索が学校に入った折に、同行してきた一人の下士官が、教室のブラスバンド楽器棚に置いてあったラッパを戦利品だとして没収し、そのラッパをふざけて吹きながらジープで帰途についた事件のことを指している（96頁参照）。

私は言った――日本人は、封建的権威から絶体絶命に追い詰められて、死ねと言われゝば理窟なしに、いわば宗教的昂奮をもって死ぬ。それと同時に、それほどセッパつまっていない場合は、面従背反だ。面従背反こそ封建治下の民衆の唯一の生きる道だ。面と向かって権力に背けば死だ。それと同時に背後でそむかなければ生きていけない。面従背反こそ封建治下の民衆の生きるための叡智だ。その顕著な例が、過去の日本軍隊であり現在のヤミだ。自由経済の公理を犯罪と認定したのがヤミだ。生きるに充分な配給なくして自由経済の禁止は不可能だ。不可能を命ずる政府は旧態依然たる封建的政府であり不可能に面従背反する国民は旧態依然たる封建的庶民だ。私もその一人だ。

「私は民主々義の曙光を見出すことはできません。私は民主々義の世界を熱望しています。と同時に、絶望しています・・・」

私がしゃべりまくったのに対して次のような答えだった。

「あなたのように絶望するほど本気で考えてくれている人がどこかに一人二人三人とあるにちがいありません。その人たちが一緒になって努力すれば民主々義が達成されます」

同じ夢と希望を持ち、同じ理想を共有する日米の同志がここにもいた。

(注)「五箇山民俗覚書」は、富山県立図書館にその自筆稿本が保管されている。なお、寺﨑満雄氏による翻刻本が刊行されている。

「学士会会報」八六七　2007.11.1

私の祖父

は一八七八年の生まれである。一八七八年は明治一一年にあたる。自由民権運動が勃興した頃で、ずいぶんと昔である。

祖父が生まれた五箇山は、隣接する飛騨白川郷と同様、いわゆる「大家族」の村であった。この家族制度のもとでは、傍系の親族たちは結婚後も生家にとどまり、夫が妻のところに通う妻問婚の形が一般的であった。そして、生まれた子どもは母親の家で養育されることが普通であった。

祖父は次男だったため、祖母との結婚後も生家にとどまって働いた。大工であった。特定の棟梁はいなかったのだが、見様見真似で修業を積んで一人前になったそうである。伐採した木を製材し、柱や障子など建具のすべてを自分で作り、組み立てつつ、二十五年の歳月をかけて、一棟の家宅を生家とは別の場所に建てた。

その間に生まれた二人の息子は祖母の実家で育てられた。二人は、子どもの頃は祖母の家の姓を名乗っていたというので、法的には、庶子（旧民法において、父親が認知した私生児）としての扱いだったのだと思われる。その二人が祖父方の姓を名乗るようになったのは新しい家が完成した頃であった、と聞く。家宅ができ、分家としての条件が整ったからであろう。そして、その頃に娘が生まれた。それが私の母である。一九二四年、大正一三年のことである。

祖父は、都会に出ていた長男が新しい家を継いでくれるものと考えていた。ところが、その長男に郷里へ帰る意志がないことが分かり、急遽、次男に家督を譲ろうとしたのだが、その時すでに次男の他家への婿入りが決まっていた。そんなこんなで、結局、母が家を継ぐことになった由である。（ちなみに、次男は、婿入りして姓がさらに変わったので、姓を二度も切り替えることになったわけである。）

母が、師範学校を終え、帰郷して教員となった後、婿を迎える形で結婚をしたのは太平洋戦争最末期の一九四五年五月のこと。婿とは私の父である。父は満鉄（南満州鉄道株式会社）に赴いていたのだが、当時、郷里に帰還中の身であった。

そして終戦。アンシャンレジームから解放された一九四六年、昭和二一年に私は生まれた。

2013.5.1

幼年の期《とき》

作家、新田次郎と藤原ていの間に生まれた藤原咲子さんが、幼少期の記憶をラジオで語っているのを聞いた。

それは、満州からの北緯三十八度線を越えての引き揚げのとき、母の背負ったリュックのなかにいて、ひとり朝鮮の夜空に浮かぶ北極星を見つめていたが、何か恐ろしいものが迫ってくるようで怖かった、というような内容であった。ちなみに、『母への詫び状』（山と渓谷社）では、母に対する彼女の心の葛藤の軌跡を描いている。

藤原さんは、一九四五年の生まれ、私と同世代である。だから、そのとき彼女はまだ乳飲み子だったはず。

実は、私にもまだハイハイをしていたころの記憶がある。ハイハイをしていたのであるから、それはたぶん一歳前後の頃であったろう。家の中を這い回ったあげくに必ず行き着く場所があった。そこで頭を持ち上げると目の前に大きな丸い模様があり、それにさわると何かざらざらとした感触で指先が刺激されるのであった。その模様と感触がなぜか忘れられなくて、そこに到達することが自分の毎日のノルマのようになった。そのモザイクは私にとっての、いわばイコンなのであった（と今でも思い出すことができる――あるいは少なくとも思い出すことができると信じている）。

大人になってからの或る日、帰省した折にその模様のある場所を探したことがある。居間の柱の、床から二十㎝ほどのところにそれはあった。それはなんと直径二㎝くらいの、柱の小さな傷（削り取られた枝の年輪の跡）に過ぎないものなのであった。

2005.11.21

針仕事

をしていた母の胸に、「かあちゃん」と叫んで飛び込んだ瞬間、踵にチクッときた。その瞬間をはっきりとおぼえている。踵に縫い針の端が刺さったのだ。針は足裏から中に入って見えなくなっていた。

針が血管をめぐって心臓に達するとおしまいだ、ということで周りは大騒動になった。翌日、急遽調達された農協のトラックに母と二人で乗せられ、山から下ろされた。そして、麓の城端町にある病院で摘出手術をすることになった。（このあたりの記憶はない。）城端町にあった伯父の家でしばらく逗留することになった由である。

母に抱えられながら便所で用をたしていたそのときである。突然にグラグラッときた。その瞬間もまた鮮やかにおぼえている。母は私をつかみながら柱にしがみついていた。

一九四八年六月二十八日午後四時十三分のことである。福井地震であった。

福井地震は、福井県北部から富山県西部にかけての一帯を襲った大地震である。震源地は後に縁を持つことになる福井県坂井郡丸岡町（現・坂井市丸岡町）の付近であった。マグニチュード七の激震で、死者・行方不明者は福井・石川両県で三、七六九名、福井平野では全壊率が六〇％を超えたという。日本最古の天守とされる丸岡城の天守閣もこのとき倒壊した。死傷者は戦後では阪神・淡路大震災に次いで多く（注、後の東日本大震災は除く）、甚大な被害を出した大震災である。

「チクッ」と「グラグラッ」は、私の二歳四ヶ月のときの鮮明な記憶である。

2008.6.2

私にとっての「はじめての買い物」、それは四歳か五歳のときであった。

家にあった一円玉の何個かを集め、それを手に握って、川向かいにあった駄菓子屋に一人で出かけたのである。店までは歩いて二十分くらいの距離があった。店に入って、ただ「・・・頂戴」くらいのことしか言わなかったように思うが、店の人は私が手に握っていたお金を確認して、それに見合う分の飴玉数個を渡してくれたのであった。

社会経済というものをはじめて自分の身体で感じたと言うべきか、何だか愉快になって、勇んで家に帰ったのを覚えている。この行いを祖母は誉めてくれた。

その夜、私は勤め先から帰ってきた母にもそのことを得々として報告したのだが、母はそれを聞くやいなや頭ごなしに叱りつけたのであった。そのときの（若かった母の）哀しそうな怒りの表情が忘れられない。「情けない。何でそんなことをするのか。欲しいものはすべて与えているつもりなのに。お菓子が欲しいのなら、なぜ欲しいと言わないのか・・・」と、涙を流しながらの抗議を繰り返したのであった。

泣きながら私は祖母の後を追った。「お菓子が欲しかったわけじゃない。自分でお金というものの働きを確かめたかっただけなのに・・・」と思いつつ、その思いの伝わらない寂しさと、それをことばで表現できないもどかしさで身体を震わせながら。

2006.3.3

両親が共働きであったので、幼児期には祖母と二人だけで過ごすことが多かった。（ちなみに、私の故郷には保育園も幼稚園も当時まだなかった。したがって、私はそれを経験していない。）

そのころはいつも祖母のお尻にくっついて、ちょこちょこ歩いていた。春の山菜採りのときも、秋の木通狩りのときもそうであった。例のカルガモ親子の行進を見るたび、そこにその姿を重ねている。

あるとき、祖母が山の中腹にあった畑に私を引き連れて豆を植えに出かけた。土に棒を刺し、出来たその穴に一個ずつ豆を植え付けていくという作業であった。私は畔の石に腰掛けながら、その作業を見つめていた。時折、野ウサギが近くに現れてこちらを見つめていた。

しばらくすると、祖母が突然前かがみになり嘔吐を始めたのである。私は不安にかられ、心配になり、「豆植えは自分がするから、早く家に帰れ。帰ってくれ」と懇願したのであった。

そのとき祖母は、やや落ち着いてから、「お前は優しい子じゃなあ」と言ったのである。

そのことばが何故か忘れられない。

そのあと一人で豆を植えたのであったか、一緒に家に帰ったのであったか、そのあたりの記憶ははっきりしない。ただ、そのとき、心細いながらも、夕暮れ時の淡い紅色の雲が空にたなびいているのを眺めて、何だか心に満たされるものがあったことだけは確かである。

2006.6.6

何故か、幼い頃、身体、特に頭部にさわられることが極度に嫌で、したがって、散髪などは絶対的に拒否していた。

雪深い正月のある日、村の床屋氏が、雪をかき分け、散髪用具を携えてわが家を訪ねてきた。家の者が「出前」を要請した結果であった(注)。

逃げまわる私を家族総出で追いかけ、つかまえて、押さえ込んだのであった。足を押さえる者、手を押さえる者、そして頭を押さえる者もいた。

私は押さえ込まれ、髪を切られながら、罵詈雑言を連発していたことを記憶している。

散髪の後、その床屋氏はわが家で食事の饗応を受けたのであるが、その食事中に、私は彼の膳にそっと近づき、皿に盛られていた魚を瞬時に一尾掠りとって別室へ逃げ込んだのであった。まるで泥棒猫のように。

もちろん家族にきつく叱責されたのだが、その折の気持ちとしては、私を虐めた〈奴〉が、わが家の御馳走を食べていることが許せなかったのである。

何とも悪ガキであった。

やはり正月のある日のこと。摘み菜の入ったお汁が何故か急にほしくなって、家族に、どうしても、とせがんだことがあった。そのとき、祖母が、「今は間引き菜の摘める時節ではないので、どうか我慢をしてくれ」と頭を下げて懇願してきたのである。しかし、私は、心の中では納得しながらも、しばらくの間、駄々をこねていた。

そんなことなどがまた思い出されてきた。

どこかの国の〈小皇帝〉のことを話題にして批判をしながら、私自身、内弁慶としてではあるが、まさに同類の輩なのであった。

そのような内弁慶的性向は今に至っても矯正されてはいない（ようである）。

（注）この要請に関しては、必ずしも私の散髪のためだけではなく、当時、貧窮に陥っていた床屋氏への慈善行為という意図もあったことを後に悟るに至った。

2012.1.1

寡黙で通っていた祖父の弥作ジイが、私と二人になった折ごとに、「しんじ、タイラ（隣村の平村）の者なんぞに負けたらダチカンゾ（だめだよ）」と激励してくれたことを思い出す。

子どもの頃は隣の村が遠い外界としての存在なのであった。山峡の五箇山から出たことのない或る人が、山中から富山平野部へと通じる細尾峠にはじめて立って、広大な砺波散居村をながめながら、「アコ（あそこ）も日本なのか」と感慨深げに言ったとか。

その外界が、生育するにつれて、しだいに近い存在となってきた。これは一個人の成長に関することだが、社会もまたその進展とともに、互いが近くなっている。その状況は、別の表現をすれば、地球がだんだんと狭くなってきている、ということでもある。

かつて個々に存在した村落が村として統合し、村々が町として統合し、町々が市として統合されていった。そして市同士の合併。現今の広域コミュニティ構想もまたその流れのなかにあるわけである。しかし、それはまちがいなく地域社会の共同体意識の弱化に拍車をかける行為であるということを認識しておくべきであろう。

インターネットの普及で地球は本当に狭くなった。地球の裏側に住む人と直接に瞬時に心を交わすことができる（注）。その一方で、マンションでの隣室の人のことがまったく分からないのである。隣の家がいまや遠い外界としての存在になってしまった。

（注）ただし、インターネットを悪用した人権侵犯事件も後を絶たない。

2003.9.1

高岡市立図書館で資料を調査しながら、高岡駅前でのかつてのある情景を思い出していた。それがいつごろなのかは判然としないが、まだ幼い時分であった。

何かの買物で高岡に出かけての帰り際、駅前の食堂に母とふたりで入ったのであった。店の中は比較的混んでいた。どうにかテーブルに座れたのだが、どれだけたっても店員が注文を取りにこない。隣のテーブルの客には愛想がいいのだが、こちらが声をかけても返事だけでなかなかやってこない。

しばらくして、母が膨れっ面になって立ち上がり、「こんな店、もう出よ！」と叫んで、わたしの手を引っ張って出入口の方に向かったのである。そのときの周りの客の目つきや店員のあっけにとられたような表情が脳裏に浮かぶ。

その時のわたしのとった行動がふるっていた。母に無理やり手を引っ張られながら、後ろを振り返りつつ、店員に追従笑いをして、申し訳なさそうに頭を下げたのである。

そのような自分の行動を思い起こすにつれ、今になってもまだそのような卑屈な態度が直ってはいないな、と忸怩たる思いにかられる。

　わたし自身が往々にして採る、相手の意に合わせる行動を、わたしの優しさだと思う人も多いようである。わたしとしては、相手に合わせるとしても、心にもないへつらい行動をしているわけでは決してないのだが、「でも、そんなの本当の優しさじゃない、小心なだけ」と指弾されれば、その通りと認めざるを得ないのも事実である。

　文章では、「相手に合わせる形で行動することが本当に相手への配慮なのか、本当の優しさなのか。これは、優しさということについて、遅まきながら考えるにいたったわたし自身へのつぶやきでもある」（『方言は気持ちを伝える』岩波ジュニア新書）などと、恰好をつけて記しているが、それもやはり外づら。外づらと内づらが分裂する性向はいくつになっても直りそうにない。

「三つ子の魂百まで」なのである。

2011.12.1

少年の期《とき》

小学生の頃のことである。スキーを履いて雪上を歩き回っていた。雪の上にわずかに顔をのぞかせていた小さな桐の木の肌にストックでいたずらをして、ひらがなで「しんじ」と自分の名前を彫りこんだ。

そのことは長い間まったく忘れていたのであるが、大学生になったある夏の日、帰省した折に、そのあたりを歩いていて、何気なく大きな桐の木の上方に目をやり驚いた。何と、その幹のずっと上のほうに、溝のような形で大きくえぐられた、私の名前の文字が残っているではないか。

実は、そのときの感動を、ある同人誌に小品として掲載し、それなりの評価を得たことがある。

ただ、私は、そこでは「感動」を描きつつも何か心にひっかかるもの、いわば嫌悪感のようなものをどこかで感じていた。しかし、その感情の正体なるものがいったい何なのかをずっと見極められずにいたのである。

ところが、最近になってふと思い至った。あのえぐられたような桐の木の肌を見たときに覚えたある種の不快感、そしてそれが後々まで消えなかった理由は、いまだ幼い木にキズをつけてしまい、しかもそのキズが成長とともに修復不可能な巨大なものにまでなっていたことに対する、ある種の「おそれ」だったのではないかと。

もし、現在の私のフィルターで、この事実をもとにした物語を新たに作る、再話する、とすれば、「懺悔」をテーマにしたものになるように思われる。しかし、そのようなテーマの設定、作品構成もまた、現在の時代情況をどこかで意識しての表現行動なのではないか、といった冷徹な目もまた一方で私の中に存在している。私の中で、フィルターの更新が将来また起こるかもしれない、と思うからである。

2004.3.3

わが家

で小猫を飼ったことがある。私の懇願を受け入れてくれて父がどこからか貰ってきたのであった。私は随分とかわいがった。夜には蒲団の中にいれて一緒に寝たりもした。その甘やかしのせいで、しつけの悪い猫になってしまい、自分では爪も研がず、トイレの場所も定まらない、だらしのない、いわば「ウンニャン」になってしまった。

そのウンニャンで忘れられない光景がいくつかある。冬の下校時にはいつも一本の雪道を在所の入り口まで迎えに来てくれていたのであるが、私を認めたそのときのうれしそうな表情、また、飯台に置かれた魚の入った皿に、何故か目をつむりながら下から手をそっとのばして触れようとしていたときのユーモラスな表情などは今でもときどき思い出す。

ウンニャンはしかしネズミも取れない駄目な猫ということで（大人同士の相談で、涙をのんで）捨てられることになった。梅雨時のある日、勤務先の発電所へ行く途中川に捨ててきた、と父から聞かされたのである。なんと吊り橋の上からそっと落としたそうである。

その翌日、学校で下級生のFが、登校の途中橋に這い上がってきた野良猫がいたので捕まえて橋の下の川に投げ捨てた、と友人に語っているのを耳にしたのである。そのとき何故か激しく腹が立った。そして猛然とFに殴りかかったのであった。理由は言わずに、である。Fは、いぶかしげに「なんで殴るんだよ」と言いつつも、殴られ続けていた。

人を殴ったり蹴ったりしたのはそのときがたぶん最初で最後である。殴られ倒れたFの背中の鞄から弁当箱が転がり落ちた。私は「畜生！畜生！」とうめきながらそのアルミの弁当箱を踏みつぶした。Fは泣きながら、「なんでなんだよ、なんでなんだよ」と何度も叫んでいたが私は何も答えなかった。

そして、このことはずっと私の心の中に引っかかっていたのである。しかし、そのことをFに告白できないまま長い年月が過ぎてしまった。

先年、Fさんと会う機会が訪れた。Fさんは小学校の校長先生になっていた。その折、私はそのことを間接的にではあるが話してみた。Fさんは、「えっ、何も憶えてないけど・・・」と言ってくれた。やった方が憶えているのに、やられた方が憶えていないはずはない。Fさんの心根が嬉しかった。

そのとき、私の心の中にあったわだかまりがすっと晴れていくのを感じた。猫をめぐってのFさんに対する行為の記憶は、私にとってまさに「トラウマ」なのであった。

「研究室だより」二八　2010.3.15

ふるさと

では、時折、映画の興行があった。夏にはその上映が野外（小学校のグラウンド）で行われることもあった。

その折に見た「土砂降り」での佐田啓二と岡田茉莉子の接吻シーンが、その題名とともに私の脳裏に焼き付いている。

調べてみたところ、この映画の公開は一九五七年六月であることが判明した。当時、私は十一歳のはず。思春期に入った頃であった。

映画が終わっての三々五々、わが家族はいつもその最後尾になるのが常であった（それには、訳があった）。

帰宅の途中、お店に（雑貨店であったが）立ち寄って飲み物を注文するのだが、それは子ども心に何とも嬉しいひとときであった。

父の注文品はビール、私の注文品はサイダーかジュースであった。父があまりにうまそうにビールを飲むので、少しなめてみたが苦くてとても飲める代物ではない。大人は何でこんなまずい物を飲むのか、とそのときは不思議であった。比してジュースの何と甘くておいしいことよ、と心から思ったものである。

ビールの苦手な学生に無理強いをさせたときなどの、その学生の表情を見るにつけ昔の自分の思いが頭をよぎる。

（実はこの文章を書き始めて気づいたことがある。それは「わが家族はいつもその最後尾になるのが常であった」ことの意味合いである。私は、わが家族がノロマだからいつも自然と帰り際に後れをとってしまったのだと思いこんでいた。しかし、今になって、そこには人目を避けようとする母の配慮があったのだと認識した次第である。それは、何とも哀しい、時代的な気遣いであった。）

2010.8.1

田植え

が終わった。植えられた苗のそれぞれは今、颯爽として、自己を主張しはじめているように見える。

田植えに関しては思い出す情景がある。が、それがいつのことであったかは定かでない。ただ、性に目覚める頃であったことは確実なので、それは、多分、中学生の頃であったろう。

早乙女たちにまじって苗代から苗を引き抜いて束ねる作業に従事していた。私がなぜそこにいたのかも定かではない。おそらく、ユイ（共同作業）としての田植え組にわが家の代表として私がかり出されたのではなかったかと思う。

その折の、早乙女たちの話題がすごかったのである。そこでは、すべてセックスにまつわる話ばかりが展開されていた。「男の子を産むテクニックは、云々」、「うちの旦那は弱くて、云々」などと、エロチックな笑話ばかりだったのである。私は顔を赤らめながら、ひとりで黙々と苗を引き抜いていた。耳をダンボにしながらである。（「耳をダンボにして」といえば、最近の学生にはこの表現の意味が理解不可能なようで、歳を感じてもいる。）

後になって、この早乙女たちの生殖にかかわる会話展開は、ひょっとして稲の生長を祈るための意図的な行為だったのではないかと考えるに至ったのである。それが民俗的な伝承であったのかどうかは分からない。ただ、そこには古代以来の繁殖にかかわる磊落なエロチシズム談話の系譜を認めうるようにも思うのである。

2011.7.1

夏のある日のこと。

父が、勤めていた「カンデン（関西電力）」の発電所の人たちと一緒に、富山湾の雨晴海岸へ海水浴に連れていってくれた。

私はトラックの助手席で父の膝に乗っていたが、ほかの人たちは荷台で揺られていたように思う。細尾峠で休憩して、発車する際に、私はドアに指を挟んだのであった。かつて関西での電車のドアの掲示にあった「指づめ注意」のユビヅメである。ものすごく痛かったがそのまましばらく我慢していた。運転者が見つけ、急いでドアを開けてくれたが、爪の半分はすでに黒く変色していた。父に、何故すぐに言わなかったのかと叱られたが、私は、周囲を意識して声を上げられなかったのであった。あぶら汗をかきつつも、である。

このような臆病さ、意識過剰、そして内向的な頑なさは私の性向のようである。現在もその性向が時として現れることがあるように思う。残念ながらそれを否定はできない。

雨晴ではボートに乗って遊んだ。その折、父がボートから滑り落ち、しばらくもがいたあと水面から沈みかけたのである。私はそれをおびえながら見つめるだけであった。しばらくしてその状況を周りの人が気づき、おぼれる父をボートにひっぱり上げてくれたのであった。その情景がいまも鮮明に脳裏に浮かぶ。

あのころは父も若かった。

2005.7.18

山峡

の谷川へ一人で岩魚を釣りに出かけたことがある。長い時間糸を垂れていたが、一尾も釣れなかった。（そういえば、冬、友だちと兎を捕るための罠をかけたときにも、私の作った罠には兎がまったくかからないのであった。）

落胆しての帰り際、川の傍にあったニジマスの養殖池で、ふざけて釣り糸を垂れてみたところ、あっという間に数尾が餌に食いついてきたのである。

そのうちの二尾を家に持って帰った。祖母がそれを見て、「本当に川で釣ったんだろうね」と聞いてきたので、「そうだよ」とうそをついたのであった。

夜になって、帰宅した父がまた同じ質問をしてきた。そのとき、祖母が間に入って、「本当に釣ったんだと言っているから・・・」と、かばってくれたのであった。

私はうそがばれなかったことを安堵しつつも、黙って遠くを見つめたような父の眼の光が何故か心に残った。

大人になってから、そのことを思い出して、一人で冷や汗をかいた。ニジマスは川に棲息する魚ではないことが分かったからである。

2006.7.21

子ども

の頃は雪が二、三メートル積もるのが普通であった。家の二階から出入りすることも多かった。

前日に比較的暖かくて雪が雨となって降り、翌日に晴天で早朝に気温が急降下したときなどに、積もった雪の表面が固く凍りついて沈まずに歩けるようになった状態、いわゆるアイスバーンのことをシミシミバンバンと言った。このシミシミは「凍み凍み」で、「凍みる」という動詞の連用形を重複させたもの、バンバンは固い状態に着目した擬態語である。大人たちは単にシミシミと言っていたが、われわれはシミシミバンバンと言った。

この状態が発生すると朝早くに起きてあちこちを喜び勇んで駆け回り、雪に閉じこめられて活動のできない日頃のうっぷんをはらしたのである。大人たちはこの期を利用して材木を山から滑らせて下ろしたり、橇で運んだりする作業にはげんでいた。

この凍結した積雪面で自転車を乗り回したのは小学校高学年の頃であった。

ある日のこと、山の中腹まで遠出し、その帰り、坂道で勢いのついた自転車の車輪に木の枝が挟まって、その反動で身体だけが宙を舞って谷に転落したのである。その瞬間のことを今でもスローモーション的に感じることができる。当時ちょうど柔道をならっていたので無意識に受身の体勢で谷底に着地することができたのだが、見上げると太い竹槍のような形の木の株があちこちに剥き出していた。もう少しで串刺しになるところだった。安堵すると同時に自転車のところまで一目散に駆け上ったのだが、その瞬発力は、自分でも不思議なくらい、まさに本能的ともいえるものであった。

2007.2.24

冬季

には、「スキー大会」と称する中学校での行事があった。近年は「雪上運動会」と銘打って、生徒だけではなく、地域の全員の催しとなっているようであるが。

自己流のスキーすべりは嫌いではなかった。学校から帰るといつも山に出かけ、新雪の上をスキーで横歩きの形で踏み固めつつ斜面を登り、そこに出来上がった一本の道を一目散に下へと滑り降りるのである。滑った跡はあたかも枕木に敷いた線路のような模様になる。その一回だけの滑降で一日の行程が終了するのであった。

そのように自分勝手に滑るのはいいのだが、競技となるとそのすべてが極端に嫌だった。「スキー大会」の競技種目には、滑降、回転、大回転、そして、いわゆるノルディック種目があった。大回転は上級生だけのものであった（と思う）。

特に苦手だった大回転の折に卑怯な策を講じたことがある。ほとんどの者がスピードを緩めずに滑り降りてきて、勢い余ってカーブで転倒し、下へとずり落ちていって失格となる大回転。そこで私は失敗してずり落ちないように、カーブ毎にスピードを緩め、お尻を着いて、そのままの姿勢でスキーを回して立ち上がり、おもむろに順々と降りようと考えたのである。

回転競技は、滑りの姿勢などはまったく問題にされず、スピードだけを競うものなので、結果、私は参加者全員の中で二位のタイムでゴールに入り、二等賞の表彰を受けた。

スキー競技で表彰されたのはそれがまったくの初めてであったので、少し得意になった。しかし、時間が経つにつれ、後ろめたい気持ちが心の中にじわりじわりと湧いてきたのであった。

回顧すれば、私は人生において、そのような要領の良い行動を繰り返してきたようにも思われる。その点、少しばかりの自責の念に駆られているのである。

2013.2.1

小・中学校時代

の学級メンバーは、一九四五（昭和二〇）年の四月から一九四六（昭和二一）年の三月までの間に生まれた者たちである。いわゆる団塊の世代ではない。終戦時をはさんでいるがゆえに前後のどの学年よりも少人数の学級であった。小学校から中学校まで、多少の出入りはあったが全校で一学級、二十四人が基本的なメンバーであった。

内訳は、男子が十七人、女子が七人で、性別構成はまったくのアンバランスであった。戦乱時には古今東西、何故か男児が多く生まれる由であるが、まさにそれに対応する状況であった。戦乱時には兵士の補充のために神が男児を多く授けるのだ、という説があるが、そうではなく、そのプロセスには栄養素がかかわっているのではないか、と米原万里さんは言う（『米原万里の「愛の法則」』集英社新書による）。

メンバーの一人に親友のAがいる。

彼の父親は昭和一九年、中国大陸に出征したまま帰らなかった。だから彼は父親の顔を知らずに育ったのである。「父はシベリアというところで死んだらしい」と彼から聞いたのが何時のことだったか判然とはしないのだが、そのときの彼のさびしそうな顔がいまも脳裏に浮かぶ。彼の父はいわゆるシベリア抑留者だったのだ。終戦の間近、旧ソ連は突然日本に参戦し、終戦後、旧満州、樺太、千島から約五七万五千人もの日本兵をシベリアへ強制的に送った。そして、厳寒地での重労働のすえに、多く人々が無念の死を遂げたのである。

あるとき、彼の家にどこの誰かも分からない人が訪ねてきて、仏壇に手を合わせて帰っていったという。おそらくその人は彼の父の最後を見届けた人だったのではないかと私は思った。彼の父の最後のことばを伝えるべきメッセンジャーではなかったのかと。しかし、そのとき彼の母は深く追究しなかった由である。

大人になってから、彼は会う度に、父の亡くなった場所を特定したい、そこに行ってその空気を吸ってみたい、と言い続けている。

一九九一（平成三）年に、日ソ間で「捕虜収容所に収容されていた者に関する日本国政府とソヴィエト社会主義共和国連邦政府との間の協定」というものが締結され、約三万七千人分の抑留中死亡者の名簿が日本に引き渡された。その後もその協定を継承したロシア政府から数次にわたって死亡者名簿が提供されて、現在までに約四万一千人分の名簿が閲覧できるようになっている。厚生労働省からのその公開があるごとに、彼はその名簿を繰るのだが、いまだ、その中に父の名を見つけ出せないでいる。

2015.2.1

先頃、全国高校総合文化祭（第三十六回）が富山県内で開催された由。その期間中、全国の約三千四百校の生徒たち約二万人が、演劇や文芸など計二十三部門で日頃の活動や研究の成果を発表したという。

思い起こすのは、一九五八（昭和三三）年の一〇月、富山県内で開催された第十三回秋季国民体育大会のことである。私は当時十二歳、中学一年生だった。割り当てられた開会式への参加者数に対応する人選が村であり、なぜか私がその限定参加者の一人として選ばれたのである。これには、村会議員をしていた父の干渉があったのではないかと後で思うところがあったが、その疑いは自分の心の中だけに止めおくことにした。

開会式当日、抽選に当たった数十人が一台のバスで富山市の会場に向かった。このころ私は車に乗るとすぐに酔ってしまうので、乗車を極度に嫌っていた。この時も途中で気分が悪くなって嘔吐感をもよおしたが、周りが知らない人ばかりなので我慢をしていて、ついに膝の上に吐いてしまった。しかし、隣席の人に知られないよう手で蔽い、うつむき加減でズボンの膝からお尻の部分が乾くのを待ったのである。会場に到着した頃には、ズボンはやや乾いていたが汚れたまま、メンバーに付き従い、ふらつきながら会場である競技場に入った。

しばらくして、会場全体がざわめいた。天皇の到着であった。歓声と同時にあちこちで万歳の声が上がった。しかし、私は気分すぐれず、頭を抱え、うつむいて嘔吐を繰り返していた。開会式の終わり頃には少し鎮静化してきて、帰りの沿道では、群衆に応じて帽子を振りつつ、にこやかに闊歩する昭和天皇を間近に見ることができたのであったが。

その「国体」の折にたたき込まれた「富山県民の歌」は、今でも自然に口をついて出る。「長野県民の歌」を長野県出身者であれば必ず歌えるということが往々話題となるが、われわれ世代の富山県出身者もそれに劣らず、なのである。

2012.10.1

修学旅行

は中学三年生の春、一九六〇（昭和三五）年の五月のことであった。首都圏とその周辺の諸処を訪れた。なかでも印象に残っているのは、熱海の旅館での宿泊と東京タワーの見学である。

熱海の旅館では、廊下に備え付けてあったテレビから横綱・栃錦の引退のニュースが流れていたことをはっきりと憶えている。東京タワーは一九五八年一二月に完工式が挙行された由であるので、その一年半後に訪れたことになる。タワー内の売場での女性店員たちの会話が忘れられない。「今夜デートなのよ」といった言い回しであったが、「デート」という新鮮なことばが思春期の心には強烈に響いたのであった。

ところで、熱海のその旅館の名前が思い出せないでいたのだが、先般、旧友と久しぶりに大阪・中之島で飲んだ折に、そのことを話してみたところ、「それは和光荘だよ」と瞬時に答えが返ってきた。彼の記憶の鮮明さには驚いたのであった。

早速に調べてみたのだが、現在、熱海に「和光荘」というホテルは存在していないようである。ところが、インターネットを繰っていて、偶然に「曙光会」という団体の記事の中に「昭和五十年総会　熱海温泉和光荘」とあるのを見つけた。確かに熱海には「和光荘」という旅館があったのだ。（ちなみに、「曙光会」とは、フィリピン戦従軍者と戦没者遺族を中心とした人々の集まりで、戦争体験の記録と日比友好親善を目標としている団体とのこと。）

今月の十四日（北陸新幹線開業日）に、その熱海温泉で同級会を催すことになっている。総勢二十四名のうち、十七名が出席との連絡が入った。みんな六十九歳になっているわけで、この年齢にしては参加率が高い方だろう。

今度のホテルの名前は「金城館」、この名前は忘れないでおこう。　2015.3.1

稲刈り

の時節になった。

この季節、稲穂の匂いを嗅ぐと思い出されることがある。

それは中学三年生の秋。その年、父が結核を患って、夏以降、町のサナトリウムに入っていた。祖母は老齢、母は勤務があって終日忙しい、ということで、家の田圃の稲刈りが私に託されることになったのである。

いまから考えると、誰も私に稲刈りをしろと命令したわけでなく、そもそも子供の私がやらなくても周囲に助けてくる人がいたはずで、何だか変なのだが、その時はすべての責任が自分にかかっているような錯覚にかられ、かつ生来の内向的な性格ゆえに誰にも言えず、毎日、学校から帰るとすぐに田圃に走り、稲刈りに勤しんだのである。

受験勉強どころではなかった。

稲刈りといっても単に刈るだけではない。刈った稲を揃え、それを集めて、一つの束に結わえるのである。その作業を手袋なしで進めたものだから手が稲の葉で切れ、傷だらけになった。さらに、稲束をそれぞれ逆に立たせて田一面に広げていくのである。穂を乾燥させるためである。全面に広げ終わった頃に空が曇って雨になりそうだったりすると、それまでの作業が水の泡。すべてをまた一ヶ所に戻して稲塚（にょう）にしなくてはならない。現代からすると何とも原始的な作業であった。

そんな無理がたたって病気になってしまった。

村の診療所に入院していたある日、父が一時帰宅を許されて久しぶりに帰ってきた。病気の父が病気の息子の見舞いというわけである。

臥せっている私を見つめる父の目が潤んでいた。その場面が脳裏に鮮明に浮かぶ。

2009.10.1

通学時

に、自転車をこぐこと自体が「しんどい」と感じられたのだった。咳が続いていたので風邪のせいかと思ったのだが、あまりにも怠いので病院に行くことにした。医師は、私を見るなり、「顔がハレトルゾ（腫れてるじゃないか）」と言った。検査の結果、尿が濁っている、蛋白も下りているとのことで、即入院となった。「急性腎炎」という病名が与えられた。

溶連菌感染による扁桃腺炎からの転移であった。

塩分と蛋白質が禁止、ということで、毎食、パンと林檎と（何故か）干し葡萄だけの献立になった。今から考えると、質素すぎる、栄養的に問題のある食事なのであるが、当時の田舎ではそんなものだった。入院生活は一ヶ月半にも及んだ。すっかりやせ細ってしまった。

私が、「嫌いなものは何？」とたずねられて、「干し葡萄」と答える、そもそもの発端はここにある。

入院して二週間ほど経った頃からだったと思うが、ある青年が私の病室（和室）を訪ねてくるようになった。そのきっかけが何であったかのは思い出せないのだが、その青年はほぼ毎日、夕刻になるとひとり訪ねてきて、文学の話をして帰っていくのであった。

なんでも、故郷を遠く離れ、わが山村での用水建設のために出稼ぎにきている、とのことであった。ことばから東北地方の生まれだと推測した。

私はほとんど彼の話を聞くだけの立場であった。そして、聞きながら眠ってしまっていたようである。目が覚めると彼の姿はもう無い、といった日々が続いた。なんだか恍惚の感があった。

まわりの人たちは彼のことを少し気味悪がっていたふしがある。夜遅く、勤め帰りに立ち寄ってくれる母は、彼が何をしゃべったかを毎晩のように尋問したのである。

そして、ある日を境に彼の訪れは突然に途絶えた。

誰かが咎めたのかもしれないと思った。しかし、私はそのことを誰にも聞こうとはしなかった。

2007.11.6

冬期

に五箇山から平野部に出るには、細尾峠を越えて人喰谷という恐ろしい名前の渓谷を経由するルートと、庄川のいくつかのダム湖ごとにそれぞれ船を乗り継いで下るルートとの二つがあった。

高校受験のため下山するときに選んだのは、小船を乗り継ぐルートであった。山峡のダム湖に注ぐ川の淵で船に乗ろうとしていたそのとき、山の上方でゴーッという音がするのが聞こえた。見上げると入道雲のような形をした大きな雪崩が一気に迫ってきていた。その瞬間をスローモーションのように思い浮かべることができる。

私は咄嗟に近くの岩穴をめがけて駆け込んだ。その間は数秒のはずなのであるが、私にはそれがとても長い時間のように感じられた。雪崩は、岩穴でうずくまっていた私のまさに目の前を轟音とともに通過した。突風で私の身体は空中に浮き上がった。

雪崩は向こう岸まで達し、川は雪と土砂で完全に埋まってしまった。乗船場は跡形もなくなり、船を繋いでいた綱がちぎれたため、船は川の中へさまよいだしていた。船を待っていた生徒も大人たちも川の雪水の中に放り出された。船長がその中を服のまま泳いで船にたどり着き、はい上がってエンジンをかけ、船をもとの位置にもどしてきた。引率の先生がその船にのぼり、立ち上がって、「みんな大丈夫かー」と大声で叫んでいた。

さいわい、みんなが無事であった。

もし、もう少し早く船が出航していれば、雪崩に直接に遭遇し、全員即死であったろう。数分の違いで命を落とすところであった。

人との出会いを、そしてその後の展開を思いめぐらし、生きる喜びを感じつつ感謝するたびに、このことを想起するのである。

2009.3.2

青年の期《とき》

高校時代、砺波市のある禅寺に下宿していた。

その寺の仏像が安置してある場所の裏側の小さな部屋が私の住まいであった。窓を開けると外は墓所になっていた。

庫裏にはネズミが棲息しており、机のなかに食べ物を貯蔵していたために引き出しの角をかじられたりもした。

ネズミの語源を、人が寝た後に出て物を盗むところから「寝盗」の義であると解釈した学者がいる。もちろん付会ではあるが、当時のわたしには真に迫った説に聞こえたものである。

あるとき、そのネズミを籠で生け捕りにした。太った大きなヤツであった。籠に入れたまま池の水のなかに浸けた。最初は静かにしていたが、突然はげしく暴れだした。あまりに苦しそうなので、籠を少し水面に出してみた。ヤツはそこへ顔だけを持っていって、ぜいぜいと呼吸をした。そしてその瞬間、ヤツはわたしを上目づかいに見た。哀願の眼差しであった。

わたしは籠を持ち上げたことを後悔した。しかし思い切って、薄目をあけて、水のなかに籠をふたたび深く浸けた。しばらく静かにしていたヤツは突然に跳びはねるように動いた後、沈んでいった。

そして果てた。

2004.12.6

砺波市

のチューリップフェアの光景が目に浮ぶ。いまごろは百万本のチューリップの花が一面に色鮮やかに咲きほこっていることであろう。

無沙汰して何年になろうか。

砺波高校のクラスメート（悪友？）で、その後も親交のあるノンフィクション作家、山田和さんの『知られざる魯山人』（文藝春秋）が、このたび第三十九回の大宅壮一ノンフィクション賞に決定したとの報に接した。彼は、一九九七年に『インドミニアチュール幻想』（平凡社）で講談社ノンフィクション賞を受賞している。続けての快挙に快哉を叫んだのであった。

『知られざる魯山人』は、彼の父上との交遊があった北大路魯山人について、その人間性に迫ったもので、彼らしく事実を徹底的に掘り下げて、魯山人の実像を描ききった大作である。

その文章の一部を抄出しよう。

私たち家族は魯山人作品を日常の器とし、それらで湯葉《ゆば》や簾麩《すだれふ》を食べ、フクラギ（鰤《ぶり》の子。北陸ではアオコ、コズクラ、フクラギ、ガンドウあるいはワラサ、ブリと出世する）やバイ貝の刺身を食べゆびす（寒天の鼈甲《べっこう》料理）や、赤貝と田芹《たぜり》の煮浸《にびた》し、蕪鮓《かぶらずし》や茄子《なすび》の煮浸し、浅葱《あさつき》とホタルイカの酢味噌和えなどを食べ、あるいは鰹《かつお》の醤油煮を盛って木の芽をふんだんに散らし、夏はそこに素麺や冷奴を浮かばせて青モミジの葉を放っていた。

その風情のいかに見事だったことか。小振りの織部の皿に並べられたはべん（富山の蒲鉾）やカラスミは美しかったし、母の押す鯖鮨だけでなく、単純な蕪の色取りですら魯山人の器の上では大御馳走に見えた。また直径一尺四寸の信楽の鉦鉢《どらばち》や、差渡《さしわた》し一尺八寸、重さ二、三貫もある鮑形大《あわびがたおお》鉢《ばち》に盛り上げた茹でたての香箱蟹《こうばこがに》の豪華と絢爛は圧倒的だった。私はその調和と演出の大胆に見とれ、盛り付けが面白くなり、料理に興味を抱き、ついに酒の醍醐味を知ったのである。

少し大袈裟ではあるが、豊かだった昔日の食卓のありさまが余すところなく描かれている。何だか帰りたくなってきた。

2008.5.4

女性

で初めての駐日大使となったキャロライン・ケネディさんが先頃着任した。彼女は一九六三年に暗殺されたジョン・F・ケネディの愛娘。当時まだ五歳だった。

私は当時、高校三年生。

あの日、一一月二十三日（現地時間の二十二日）は「勤労感謝の日」で休日だったので、久しぶりに実家に帰省していた。早朝にNHKが人工衛星を使った日米リレー中継の初の実験放送をするということで、未明からテレビにかじりついていたのだった。ケネディ大統領のスピーチがある、ということもあって待っていたのだが、予定時間を過ぎても、ずっと砂漠の風景が流れるばかり。少しのざわつきのあと、三時間ぐらいが経過して、突然に大統領暗殺のニュースが流れたのであった。「テスト電波で、このような悲しいニュースをお送りしなければならないのはまことに残念に思います」云々と。

その過程や瞬間が私の脳裏に刻み込まれている。

昼頃になって、自転車を修理するために戸外へ出かけたのだが、その道々で、大変なことが起こったものだ、と大人たちが語り合っていた。

半世紀も前のことである。

父が新しがり屋だったせいで、テレビの設置は、私の家が村のなかで一番乗りであった。それは小学生の頃である。歌番組の折や相撲の中継時には、十数人の村人が家に押しかけてきた。そのために家族で落ち着いて夕食を取れない日があって閉口したものである。

あるとき、テレビの真ん前に陣取って相撲の取り組みを眺めていた二人の老婆が、力士が塩を撒いているのを見て、「こんなにたくさんの塩をテレビのなかに入れておくのは大変だね」などと話し合っていたことが、ほほえましくも思い出される。

2014.1.1

大学

の学部時代は金沢で過ごした。

そのときの同級生たちと三十九年ぶりに会った。

香林坊であったか片町であったか、場所も店の名前も忘れたのだが、卒業式の前後に、あるスナックで一緒に飲み、そこで別れて以来の懐かしい再会であった。

学部では教育学部の中等教育科国語課程というところに所属していた。メンバーは七名、うち女性が六名で、男は私ひとりであった。

国語の免許状のために書道が必修科目となっていた。書写は好きではなかったのだが、「おのこ」ゆえにその引率者に祭り上げられるはめになった。書道の先生の人柄に惹かれるところもあって、随分と励んだように思う。

そして、他学部からの有志も募り、金沢大学に初めての書道部を立ち上げることとなったのである。立ち上げるといってもそれは私の意志からではなく、懇願され、追いつめられての決行であったように記憶している。実力がまったく伴わないのに、後に「書道部の初代部長」などと崇められる局面があって、穴があれば入りたい気持ちになったこともある。(優柔不断が自分でも嫌なところ、だが最近ではそれを開き直るもうひとりの自分がいることも事実。)

書道部時代の行事については思い出が多い。能登・輪島の寺で、また飛騨・高山の寺で、合宿しつつ一心不乱に「般若心経」の写経に勤めたことなどもつい昨日のような気がしている。

2007.5.7

美しい

ジュノーの月がまためぐってきた。

潤いながらも透き通った少女の瞳を彷彿させる梅雨合間の湿り気味の深緑の麗しい天空を、今、書斎の窓から眺めている。

このところ、なんだか慌ただしい日々の営為にかまけて、しばらく空を見上げることもなく過ごしてきた。心の余裕を失っていた日常であった、との反省しきりである。

少年の頃、ふるさとの山の中腹にあった茅を刈り取ったあとの草むら（「茅場」）で、ひとり寝ころびながら見つめていた、あのときの天空の色合いが脳裏で重なった。

不来方のお城の草に寝ころびて空に吸はれし十五の心

石川啄木『一握の砂』の中に見つけたこの歌に自分の少年時代の思いを重ねて心躍らせたのは高校生になってからであった。

青春時代の一コマが蘇ってきた。

啄木に魅せられ、大学の学部時代、同志を誘って「啄木研究会」なるものを結成、主宰したことがある。しかし、あるとき、文献輪読の場で「卑怯」という語を、思わず「ひほう」と読みそうになったことがあった。おそらくその瞬間の私の戸惑いには誰も気づかなかったと思われるのだが、以来、自己嫌悪に陥ることになった。プライドが許さなかったのだ。そして、まもなく自分の意思のみで研究会を解散してしまった。

文学を捨てる決意をしたのは、もちろんそれが原因ではなく、言語学・方言学を学び、その魅力にとりつかれたことによるのだが、今現在も、『知ってるようでよく間違う日本語』（ＰＨＰ研究所）などといった本の監修に自ら進んでたずさわったりしているのは、内観するところ、そのときのトラウマが尾を引いているような気がするのである。

2013.6.1

またまた生まれ月が到来した。

もう何度目になることか。

さて、先日の「成人の日」に因んで思い出したことがある。

成人式は金沢市で迎えた。あの日は大雪であった。降り積もる雪の中を同じ下宿にいた一つ学年下の友人と一緒に式が行われる会場まで歩いて出かけた。二月生まれゆえに、一月にある成人式は私には一年遅れでやってきたわけである。

式の後、近くの食堂に立ち寄り、熱燗を傾けて、男二人だけでささやかなお祝いをしたのであった。

実はそのすぐ後に総選挙があった。（いま調べると、それは一九六七年一月二十九日に行われた第三十一回衆議院議員選挙である。この選挙では自民党が議席を減らしながらも安定多数を維持し、社会党は敗北声明を出したという。また、この選挙で公明党が衆議院に初進出、多党化が進み始めたともいう。）

その選挙で候補者や政党に特に関心があったわけではないが、とにかく国政選挙の投票が行使できる初体験ということで、友人と計って、投票場への一番乗りを果たそうと徹夜をして暁に出かけたのであった。が、しかし、その入り口にはすでに数人の若者が陣取っていた。

若者に活力がある時代だった。

近くの食堂といえば、そこで時々昼食を取った。オムライスが好物であった。その食堂の店主には美しい娘さんがいた。彼女はバスの車掌をしていると聞いていた。

あるとき、バスに乗って、下車しようとして料金箱にお金をいれようとした瞬間、車掌が箱の口を手でおおって、無言で首を横に振って、そのまま降りるように促したのである。驚いて顔を見るとその娘さんであった。

無銭乗車はその一度だけなのだが、何だかほろ苦い青春の思い出として心に残っている。

2014.2.1

冬には雪が降らないと落ち着かない。大学院生時代に住んだ仙台で初めて雪のない正月を経験したが、何だかしまらない思いがしたことを憶えている。冬になれば間違いなく雪が降り、春になれば確実に融ける、この繰り返しの中に住んでいたものにとって、冬になっても雪の降らないところがあるなどとは考えられもしなかったのである。

体の芯までしみこんだ、この雪国の風土の重みは、おそらく死ぬまで消えないだろう。その一方で、多くの人々にとって、雪がときには大きな災いとなることなど考えられないようである。日本列島の脊梁山脈を境にして日本人の半分は積雪地帯に住んでいるのに、なぜこれまでこの積雪地帯が人々の意識の表面に現れなかったのだろう。そこでは半年間も雪に閉じ込められる。そしてそこではその雪を乗りこえて生きのびていかなくてはならなかったのだ。雪は、あるときには家屋の倒壊、アワ（表層なだれ）といった恐ろしい災害をも引き起こす。

かつて、夏の方言調査でお世話になった飛騨白川郷での、その家が翌年の春先に屋根雪の重みで倒壊した。下敷きになって亡くなった娘さんの声が収録されていた録音テープを、のちにご家族に届けたことがある。

「国境の長いトンネルを抜けると雪国であった……」という都会人の旅愁は、雪の重みにあえいでいる地元民に、あるときは空しくひびく。

母が、五箇山で少女時代に作ったという、雪解け賛歌のことが思い出されてきた。

黒土をしかとにぎりてほほえみぬ　五つが山に春の来ぬれば

2002.1.10

大学院

の学生時代のこと。友人から、知り合いの女性の娘さんが病院に入っていて緊急の輸血を要しているのだが助けてくれないか、という依頼があった。A型の血液がほしいということで、A型である私は即座に献血を申し出たのであった。しかし、その女の子はその後に「へんが変わって」（病状が変化して）亡くなったと聞いた。たしか山形市の出身であった。

私の血液式は、A型でもRhマイナスであると知ったのは後に就職してからである。それを知ったとき、真っ先に浮かんだのは、その女の子のことであった。彼女はひょっとして私の血液との不適合のために亡くなったのではないか。医師は血液採取のとき、血液がRhマイナスであることをなぜ告げなかったのか。と、懺悔と恨みの心情に駆られたのであった。その後、A型のRhマイナスは、相手側からはA型のRhマイナスの血液しか受け付けないが、A型の相手に対してはすべてに輸血することが可能である、ということを知って安堵したのであるが。

ところで、Ｒｈマイナスの血液式は、日本人では〇、六％くらいの比率で存在するそうである。私の家族にはもちろんいないのであるが、五箇山での周囲の人々をうかがうと、どうもその割合よりも多く存在するように観察されるのである。それはおそらく三％くらいの比率になると推測される。

少数民族の人々にはＲｈマイナスが多いという。バスク民族では、なんと三十三％にも達するそうである。アイヌ民族も比較的多く五％前後である由。ちなみに、沖縄の人々の場合は一％強であるという。

この点からも私は中部山岳地帯の少数民として、アイヌの人々や沖縄の人々との繋がりを意識するのである。

2007.10.1

尾張

まで出かけてきた。

愛知県立大学国文学会での講演を依頼されての出張であった。名古屋駅から地下鉄東山線で藤が丘まで行き、そこでリニモ（東部丘陵線）に乗り換え、愛・地球博記念公園駅を降りたところに大学はあった。

東山線沿線は懐かしいところ。椙山女学園大学に勤めた関係で、沿線の星ケ丘に住まいしたのは一九七四年度のことである。もう随分昔のことになる。当時、愛知工業大学の非常勤もしていたので、リニモ終点の八草駅周辺に土地勘はあるのだが、あたりの現代的な変貌には目を見張るものがあった。

ところで、愛・地球博には行っていない。そういえば、大阪の花博にも通勤で付近を通りながらも行かなかった。

思い出は仙台での学生時代にさかのぼる。一九七〇年の大阪万国博覧会の折、下宿屋のおじさんとおばさんに万博行きを誘われたのであった。しかし、私はあまりにも世間が大騒ぎをしていることが気にくわなくて、結局その誘いには応じなかったのである。

恥ずかしながら、実は、京都の三大祭りである葵祭、祇園祭、時代祭のいずれも参観したことがない。大阪天満宮の天神祭しかりである。

まわりが浮かれ騒いでいると、逆に殻に閉じこもって、静かにひそやかに自分だけのことをしていたくなる、生来の臍曲がりなのだ。そんなときには実は仕事の能率があがる。そのくせ、まわりが緊張でぴりぴりしているようなときには、開き直りの心境で活動が快活になる。特定のタスクにおいても、ほかの人が忙しさにかまけてまだ手も着けずにいる段階でさっさと仕上げてしまい、人が焦りはじめた頃には悠然と構えている、といった何とも嫌らしき性癖。

かくのごとき振る舞いを総括すれば、それはひとえに小心者ゆえの行動、ということに尽きるのであるが。

2012.6.1

国立国語研究所

に勤務したのは一九七五年からである。「方言文法地図」作成の準備的な作業として、宮崎市から都城市にかけての地点で、待遇表現形式の多様性の検証調査にたずさわったのは、一九七七年二月のことであった。この調査の途中、中間地の青井岳で宿泊して、シシ鍋をつついたときのことである。身体が温まってきた折に突然に同行の沢木幹栄さんが、「『シシ食った報い』というのは誤りで、あれは『シシ食ったヌクイ（温い）』なんじゃないでしょうか」とふざけたのであった。そのことが昨日のように思い出される。

ところで、「シシ」は本来「肉」のことを意味する語であった。（ちなみに「獅子」は別語）。五箇山でも、「シシが付く」と言ったが、これは「肉が付いて太る」ことを表すものであった。なお、猪が「いのシシ」、また鹿が「かのシシ」とも言われるのは、「い（猪）」や「か（鹿）」の肉が食されていたことに由来するものであろう。ところで、方言では、猪を単に「シシ」と表現する地点が全国各地に存在する。また、鹿を単に「シシ」と表現する地点も同様、全国にある。しかしながら、カモシカを「シシ」と表現する地点は、埼玉県の秩父地方、岐阜県の飛騨地方、そして富山県の山間部に限られるようである。これらはいずれもが山岳部であることに注意したい。

かつて、母が、「長男が、祭りの夜、獅子舞が終わった後で、『みんなが輪になって踊る時、ショーイ、ショーイとはやすけれど、何だかあれは、大昔のシシを追う姿のようだね。(ここでシシというのはカモシカのことなのです。現在は保護動物ですが。) 輪になってシシを追いつめていく形じゃないのかな。シシオイ、シシオイとはやすのが、ショーイ。ショーイになったんじゃないか、潜在的な民俗の記憶なのではないだろうか。』などと言いました。」と記してくれたことがあった。

2002.10.6

壮年の期《とき》

大阪大学文学部で教鞭を執るようになって間もない頃である。研究室で大学院生と雑談していたとき、カナダからの留学生、T君が、「横浜に遊びにいってきた。そこでナガワというものを食べたが、とても美味しかった」と言った。

さて「ナガワ」とは何か。記憶を辿ってさまざまに検索するのだが浮かんでこない。料理に無案内な者ゆえに分からないのだろう。ここで恥をかいても、と瞬時にさまざまな思いがめぐり、「それは良かったね。ナガワは美味しいからねえ」とやってしまった。

そばで聞いていた日本人のK君が、「ナガワって何？僕は知らないけど」とT君に質問した。Ｔ君はしばらくして、「あっ、ナガワじゃなくて、ヤナガワ（柳川）だ」と言った。すかさず、Ｋ君から、「先生！」ときた。

そのときの恥ずかしさといったらなかった。まさに穴があれば入りたい心境だった。この事件のことをときどき思い出して冷や汗をかいている。このごろは知ったかぶりをすることもなく「何のこと？」と開き直って聞けるようになったが、かつては語彙が不足しているというコンプレックスもあって、このような行動をすることが実は多かったのである。

その刻印以来、そのような行動を「ナガワの話」と称し、呵責しつつ自分のなかで反芻している。

講義をしていると、微笑みながら頻りにうなずいて聴いている学生がいる。分かってくれているのかと思うと、テストの結果まったくそうではないことが判明したりする。これも「ナガワの話」である。

ただ最近は、うなずいていても、その目つきによって（目の輝きによって）、理解してくれているのかそうでないのかが分かるようになってきた。

2008.7.1

隣部屋の哲学科の教授から、廊下で突然に「ピンからキリまでのピンって何なのでしょうね」と尋ねられ、返事に窮して「調べておきます」としか答えなかったことを思い出す。

「ピンからキリまで」はカルタの用語から生まれた表現のようである。「ピン」はポルトガル語のピンタ（英語のポイント）の略で、「点」の意味が「一」の意味で使われた。そして、それが「最初」、あるいは「最上」の意味に転じたのである。「キリ」については、ポルトガル語の「クルス」（十字架）が転訛したもので、「十」の意味だという説があるが、これは不審である。天正ガルタでは、「最後」の十二の札を「キリ」と呼んでいる。だから、「キリ」を十字架という意味の語の訛りとするのは誤りだと思う。「キリ」は、日本語そのものの「切り」で、最後の意味であろう。「きりがない」「きりをつける」などの「きり」だと考えられる。

ところで、「ピンはね」という言い回しがある。いわゆる「上前をはねる」ということである。この「ピン」も上の「ピン」と同じ語であるが、韓国の一部ではこれを「ピンタン」と言っている。「ピン」については日本からの借用語と考えられるのであるが、「タン」は韓国語では「跳びはねる」ことの擬態語の由である。これは、「上前をはねる」の「はねる」の翻訳の過程で起こったものなのであろうか。不思議な現象で、そのプロセスは大変に興味深いところである。

2005.4.5

ラトビア

からの留学生リーガさんからのメールに、「私、あした先生の研究室に来ます。」とあった。彼女は英語が流暢である。おそらく「来る」の部分は英語からの干渉であろう。しかし、私にとってこの表現はまったくおかしくはないものである。私の母方言ではこの場合「来る」が普通だからである。そういえば、かつて、柴田武先生への手紙で「今度そちらへ資料をもって来ますので。」と書いて、著書のなかに書かれてしまったことがあった。

「来る」を使うコンテクストとして最も自然だったと私が思うのは、子供のころ、冬にスキーで遊んでいた折の、滑降の途中で、下にいる者たちに自分の接近を注意して、「来るゾー!」と叫んで滑り降りていったときである。このような「来る」の用法に関して、私は、相手の立場に立って、「私」を客体化した上でのものであると考えてきた。

九州や出雲、そして越中、飛騨などの方言における「来る」の用法について、私が、往々「これは相手に視点を置いた言い回しである。〈行く〉がいわばegoを中心においた表現であるのに対して、〈来る〉はあくまで相手の立場に立って自己を客体化しての表現である。」などと説明してきたのはこのような原体験に基づいているからである。「では、英語のcomeはどうなの、日本語の方がegoを中心にした物言いで、英語の方が相手を配慮した一種の敬語的な言い方になっているのは何故？逆ではないの？」といった声も聞こえてきそうである。

2003.1.10

文学部教授会のメンバーとして親しくさせていただいた歴史学者の黒田俊雄先生は、私の出身校、富山・砺波高校のOBでもあった。

お盆前後になると、かつて先生が編まれた『村と戦争・兵事係の証言』（桂書房）を紐解くことにしている。これは、先の大戦中に東礪波郡庄下村（現・砺波市）で兵士の召集事務を担当した元兵事係、出分重信さんの吐血に近い証言を集成したものである。

その証言の一斑を掲げよう。これは、「兵隊にとられていくことについて、一般の村の人たちはみんなどういう気持ちでいたのでしょうか」という質問に対する、出分さんの返答である。

当事者についていえば、どうしても行きたいという人はめったにいなかったと思います。（中略）だんだん太平洋戦争の末期になったら、ひどい者になると三回も四回も召集されているからね。

「支那事変」のをまぜて。そうすると、年令からしてうちの大黒柱でしょう。子供にまだ教育これからしていかなければならない。田んぼはどうにもならない。そうでしょう。そうしたらやっぱり家庭なり子供なりの状態を考えて泣くのです。無理からんことだと思います。それが、「兵事係や村長は行かなくていいじゃないか」という、そこまで文句を並べる人は、これはまだ正直なんです。思っていてもなかなか言えない。黙って涙呑んで、汽車に乗って発っていっているのです。それが普通の人の気持ちじゃないですか。しかしながら当時の世相からして、我々は、小学校時代からそういうものだと教えられてきたから、どうしてもこれはしかたないものだと自分に言いきかせて行ったわけです。

ただ、私が同じ兵隊でもかわいかった（真田注：かわいそうだった、の意）のは、十六や十七で志願させて、無理矢理ハンコを押させた若い連中です。兵事係が夜中に行って、ハンコ押させて。しまいには適任者全部ハンコ押させたもの。その時分は日本の海軍力は、ほとんどなかったくらいです。沈められて。そういう状況というのは我々は大体予想できたけれど、軍部というのは無茶なことをやったものです。海軍志願せ、海軍志願せと。それらの子供というのは、今は開国以来ない日本の重大危機なのだ、国のためにおまえたちの命がほしいのだといわれて、軍隊へ入ればまたそういうし。子供たちにはわからないのです。靖国神社で会いましょうという歌なんか歌っているけれども、これは夢を見ているようなもので。また帰ってくるのだというような。死とはどうなることとか、人生がどうなることかということは、彼らにはわかっていない。私はこの年になって申し上げるのですけれど、それらの子供らというものは、我々の考え方とはまた違うものです。それだからそうやって死んでいった子たちが、私はかわいそうでどうにもならないのです。

「私たちの『村』も『戦争』も、〝愚直の模範〟でもあったということを、冷静に振り返っておきたいのである。」

故・黒田先生のコメントである。

2008.8.1

現代日本語研究会

というところが、故・寿岳章子さんを記念する、「ことばとジェンダー」賞なるものを創設し、論文を募集している。その主旨には、「言語研究を通して社会のジェンダー枠組みへの改革を目指し、ジェンダー規範を突き崩す意欲・意図をもつ個人の著述に対して授与します。斬新な視点で言語研究に取り組んでいる新進・中堅の研究者を励まし、その研究を顕彰する賞とします」とある。

志ある方々に是非とも応募してほしいものである。

寿岳さんに、次のような文章がある（『日本語と女』岩波新書）。

とりわけ農村で女がものを言いだしたりするともう大騒動である。それはこれまでの押さえこみ型の秩序を根本的に否定するものである。そういうとき、男に準備された名ことわざがある。「牝鶏時を告ぐれば国滅ぶ」である。私は「これから私ももの言わしてもらいます」と宣言して、立ちどころにこのことわざをひいて一喝をくらった人の訴えを聞いたことがある。・・・ほんとうにこのことわざによってどれだけ多くの女が口封じをされてきたことであろう。その生きた例を私は聞いたのである。日本語が女を拘束しているのである。今、丹波の私の友人たちはいわば「牝鶏云々」のことわざとたたかっているのである。彼女たちのそれに代わるスローガンは「かなんことはかなんと言おう」なのであった。

ここでの「かなんことはかなんと言おう」における「かなん」は、嫌だ、つらいといった意味で、「かなわん」がもとの形である。「耐えられないようなつらいことは、やっぱりつらいと言おう」ということである。私にとって、丹波の女性たちのこのスローガンは、よく記憶して、忘れられない表現のひとつである。

寿岳さんには、東北大学国語学研究室での同窓ということもあって、長いあいだ個人的に親しくさせていただいた。

ふたたび寿岳さんの文章から。

しなければならぬこと、あるいはしたいことをやってゆくとき、人生は光り出すのではなかろうか。そしてそこに私は多くのことばの課題を発見した。怒りや悲しみ、そして感動の中に人生を考える時、ことばがそれらにいかに深いかかわりがあることか。

2007.12.12

人間ドック

（総合検診）を始めたのは四十一歳になった年からである。

その検査のなかに腹部超音波検査というのがある。最初の検査のとき、担当の若い女性が、「見当たらない」とつぶやいたので、「何が？」と聞いたのであった。左の腎臓が画面に映らないとのことで、そんなはずはない、かつて腎炎を患ったわけだし、と思いつつ、「じっくり調べてください」と言った。

それでもやはり見つからないということなので、「それって、奇形じゃないですか」と見境もなく叫んだのであった。ところが、彼女は落ち着いた様子で、「けっして珍しいことではありません。先天性単腎症と言って、生まれつき腎臓が一つしかない人は稀にいますので」と悠然と答え、「右の腎臓はすごくきれい。大丈夫ですよ」と、慰めのことばまでかけてくれたのであった。

その日の午後からある学会に参加するため出張したのだが、夜、街に出ても気分が晴れなかった。昔、腎臓の病気に罹った折に医師はなぜそれを見つけなかったのか、腎臓は一つでよく頑張ってくれたものだ、などと、ひとり考え込み、滅入ってしまった。その夜はビールさえも腎臓に悪いような気がして、飲むことを控えたのであった。

しかし、次の夜には思い直した。ほぼ二十年間、毎日のように飲み続けても健康なのだから、今になって急に酒を止める必要はないではないか、そもそも生まれつき心臓一つ、肝臓一つ、腎臓も一つで何が問題か、と開き直ったのであった。

その後も毎日（グラス一杯に限定はしつつ）飲み続けているが、いたって元気である。

2008.1.8

信州大学

で開催された第三十二回社会言語科学会に出かけてきた。この学会に参加するのは何年ぶりであろうか。久しぶりに参加して、この会が大規模に展開していることを垣間見て、ある感懐を抱いたのであった。

この学会の萌芽は、後にこの会の初代会長を務めることになった徳川宗賢さんのメモにある、と私は思っている。

大阪大学の日本学棟で隣室の徳川さんから一枚のメモが手渡されたのは、一九九〇年五月のことである。メモの最後には、「(ダニエル) ロングから話をきき、五月九日すしやで話をしているうちにフト乗気になる。一九九〇年五月十日　TOK案」とあった。

内容は、人間相互のコミュニケーション、乃至は言語の機能をキーと見定める学際的な学会組織を作りたい、というものであった。そして、「名称：社会言語学者協会【ナンデモヨイ】、大綱：全国の社会言語学者（英語学者を含む）の老若を含む研究会【ローカル性排除、海外の人もドーゾ】、事務所：阪大と国語研におく」などといった構想が記されていた。

そのような会を立ち上げたいので、良きに計らって、とのことであった。

当時、私は雑務に追われていて、しばらくそのまま動くことができなかった。ただ、多忙だけでなく、（告白すれば、）この会が超学際的な組織に拡張したとき、既成の学問領域との調整をうまくこなしていけるのかどうかといった危惧の念が一端にあって躊躇していたことも否めないところである。

その後、徳川さんは、一九九三年四月に東京に移ったが、この構想は一九九四年に社会言語学研究会として具体化し、後の社会言語科学会の創設（一九九八年）へとつながったのである。その社会言語学研究会の発足直前の頃であったかと思うが、「メンバーは首都圏だけで固めてもらう、関西は会場を提供するだけでいいから」と言われたことがある。

嗚呼、心ならずも、私の尻の重さが彼の負荷になっていたのかと、そのとき申し訳ない思いをしたことを覚えている。もちろん、そのような彼の言及は、私の心底を見抜いてのことであって、その奥底では信頼してもらえていたのだとも、不遜ながらに思ったことであった。

大阪（阪大）での徳川と真田の仲は、歴史における徳川と真田とは違ったのである。

2013.10.1

老年の期《とき》

阪大に赴任してまもない頃、今は亡き徳川宗賢さんから、「人生を流れる時間はだんだん速くなるからね」と言われたことが忘れられない。そのときはピンとこなかったことばが、このごろ身にしみて感じられるようになった。

体感時間の感覚がこれからどのように推移するかは分からないのだが、先輩の佐藤亮一さんによれば、六十代は、五十歳から六十歳までの間よりもずっと早く過ぎる、ということなので、加齢とともに体感時間がより加速するのは間違いないようである。

どうも、それは近時の短期記憶がうすれてくることと関係があるのではないかと私は見ている。「体感時間の長さは、想起できる、思い出すことのできる記憶の量に比例する」

という説があるようだが、昔のこと、幼い頃の記憶は鮮明なわけで、確かに記憶の量が少なくなることと体感時間の短さとは対応するのかもしれない。

ちょうど一ヶ月前の三月十五日、恩師の川本栄一郎先生と永遠の別れをした。葬儀で出かけた弘前は吹雪の中にあった。

2006.4.15

米原万里さんが逝って、一年と一週間が過ぎた。

彼女のその体験を生かしたユーモアあふれる辛口のエッセイ、歯切れのいい爽快な批判精神にはいつも秘かに感じ入っていたものである。

米原さんは父君の仕事の関係で、少女時代をチェコのプラハで過ごし、現地のソビエト学校でロシア語を五年間学んだ。この体験が後に作家となるための決定的なものになったのだという。そして帰国後の、いわゆる帰国子女につきもののカルチャーショック、日本社会への違和感が彼女の批判精神を育んだのだともいう。その外国人用ロシア語学校での同級生たちのその後の数奇な運命を追った『嘘つきアーニャのまっ赤な真実』（角川学芸出版）を読んだときの強い印象はいまも私の心のなかにある。

直接に話したこともない作家の死に対して、あんなにも激しいショックを受けたのは何故なのだろう。そのことの理由が自分でもはっきりとは説明できない。

彼女の、「口が悪い」とさえ評されるようなその大胆な言辞の内側に、繊細さと気遣い、そして優しさが溢れていることを私は捉えていた。私は、そのような彼女が好きだったのだと思う。

享年五十六歳、あまりにも早い。

2007.6.1

母がアルツハイマー型老年認知症を発症して、すでに十五年以上が経つ。

その長い年月を、かたときも欠かさず父が看病してきた。父は今年九十歳になる。頭が下がる思いである。

十五年の間、少しずつ病状が悪化、要介護度も最大級にまで進行してしまったが、今のところ小康状態を保っている。

父は、母の入っている特別養護老人ホームまで、毎日三度、車で通い続け、食事時ごとに欠かさず食事の世話をし続けている。

食べ物をスプーンで口に運び終えたあとは、車いすでの施設内の散策を欠かさない。

わたしは遠く離れて住んでいる身、ときおり対面しても母の目はわたしを認めてはくれない。しかし、父に対する母の目つきは明らかに異なっている。

障害者医療にたずさわっている高谷清さんの、重い障害のある人の「自己意識」に関する文章を読んでいて、心に突きささるところがあった。

「意識」はないが「自己」は存在している。その「自己」は、世話する母や介護する人を感じている。意識として感じなくても、身体や心が感じている。そこになんらかの人間関係が成立している。よく馴染んでいる人とそうでない人に対しての反応が異なる。そこには人間関係があり、安心があり、身体がリラックスしており、たぶん本人は気持ちよく感じている「快」の状態にある。その「快」の状態で存在できるということ、人間関係によって培われる、その「快」という状態にあることが、「人格」のもっとも基本にあるのではないだろうか。

（『世界思想』38から）

2011.6.3

患っている

母が、若き頃の日々を綴った文章の一節。

『去年来たツバクラが、また今年も来とるがかのい』と母に聞くと、『サーリャイなあ』と考えてから、『足に赤いカナ（糸）でもしばっておきゃ、分かろぞい』と言いました。

（『越中五箇山ことば歳時記』桂書房）

この文中での「母」はわたしの祖母のことである。ここでの「サーリャイなあ」は、「さてなあ」、「そうだなあ」と少し考える気持ちをあらわすもので、最近、「立ち上げ詞」という術語で研究の課題になっているものでもある。

それはさておき、ツバメのことを「ツバクラ」と称する方言は各地に存在する。古典ではツバメが「つはくらめ」と表現されることがある。たとえば、『竹取物語』には、「つはくらめの巣くひたらば告よとの給ふを」のような用例がある。この「つはくらめ」の実際の発音形は「ツバクラメ」であったと思われる。方言での「ツバクラ」は、この「ツバクラメ」の「メ」が落ちたものである。一方、標準語での「ツバメ」は「ツバクラメ」の「クラ」が落ちたものである。

ふたたび母のかつての文章から。

そろそろ巣立ちをするんだなと予感していたある日、学校から帰ると、母があずきの入った御飯を炊いていました。もち米で炊いた赤飯のことをオコワといいますが、うるち米にあずきの入ったのはアズキママと言いました。『ああ、ツバクラの巣立ちだな』とすぐわかりました。母は毎年その日になるとアズキママを炊いて祝ったのです。ツバクラも家族の一員でした。

2007.4.5

研究ノート

に「大丈夫よ」という日本語表現を書き留めたのは、ちょうど一年前のことであった。

それは、天皇家の長女・紀宮清子さんが、挙式当日の朝、両陛下に最後のあいさつに出向いた場面で、彼女を抱きしめながら語りかけたという皇后のことばである。

何が大丈夫なのかと問うのは野暮というもの。短い表現のなかに万感の思いがこもっていよう。

「丈夫」の本来の意味は一人前の男子のこと。それが、健やかで元気だという意味になり、さらに「大」を冠して、しっかりしていて問題がない、危なげなくて安心ができるといった意味あいで使われるようになった。

近ごろ、「大丈夫ですか」という表現が、いわゆる問題な日本語として俎上に載せられている。スーパーのレジで、「駐車券は大丈夫だったですか」と尋ねられる、また、研究室の入り口で学生が、「今って大丈夫ですか」と問う、あの「大丈夫」のことである。「よろしいですか（いいですか）」と単に確認すればいいはずなのに何でことさら問いただすのかと糾弾されているのである。

しかし、このように表現すること自体、単なる確認ではない何らかの思いやりや気配りの心を彼ら／彼女らが伝えているわけで、私自身としてはどちらかといえば気に入ってい

るのである。　　　　　　　　　　　　　　　　　　　　2006.11.15

テレビ

のニュース番組でのインタビュー場面で、その回答者たちが多用する「かな」という表現が気になってならない。

昨年の夏頃からその都度メモを取っている。いくつか掲げよう。

- 三人乗りの自転車に対する期待は大きいかなと思います。（大阪市、自転車店店長、五十代、男性）2009.7.1
- 頑張って、また来場所に向けたいかなと思います。（大相撲の安美錦）2009.7.26
- この町に生まれてよかったかなと思います。（越前市、たんす店店長、三十代、男性）2009.8.15
- （選挙での当選者に）頑張ってほしいかなと思っています。（長崎市、三十代、男性）2009.8.31
- （日本相撲協会の理事選挙の投票で貴乃花を支持したことを詫びて）協会を退こうかなと思っております。（安治川親方）2010.2.3

いずれも「〜と思う」という文の中で現れ、自分の意見や意志を述べる部分なのだが、ここでの「かな」が余剰に感じられるのである。

このような「かな」の多用は、断定的な表現を回避しようとする現代人の心理の投影であろう。私の観察では、日常会話において断定の形式「だ」の運用自体が近年減ってきているることを捉えているのだが、インタビュー場面でも、次のように、「だ」を使うべき部分を「か」で代用する例が特に目立つようになってきた。

・(現役最後のプレーのあとで)この終わり方は残念かなあと思う。(テニスの杉山愛さん)2009.9.28

・イノシシが轢かれたのはかわいそうかなと思う。(神戸市、三十代、主婦)2009.12.16

・(ディスコの再興に関して)歌って踊ることが大事かなあと思っております。(東京都、五十代、男性)2010.1.31 2010.9.1

授業

で、「江戸いろはがるた」での、「背に腹はかえられぬ」ということわざについて、質問を受けた。

「かえられぬ」の表記は、「代えられぬ」「替えられぬ」「変えられぬ」「換えられぬ」「易えられぬ」のいずれでも可、また、いわゆるラ抜き表現にもなっていない、など、そんなことはどうでもいいとして、そもそも「背」と「腹」とはどちらが大切なのか、ということである。

もちろん、取り立て詞をとる「腹」が大切なのは間違いない。しかし、つらつら考えると、たしかに変な言い回しではある。

ウェブサイトを見ていたら、おもしろいのがあった。

「腹は背の代用にならない」ってことですから、背は腹よりも格が上ってことですよね。そりゃ腹には支える骨がないから、背に持ってきたらグニャグニャして上体が折れてしまう。とはいえ、腹部には背中とは比較にならないほど重要器官がみっしり詰まっているんですよ。背中がなくても生きていけるかもしれないけど、背を腹の代わりにしたら人はたちまち死にます。昔の人だってそのくらいわかっていたから、ハラキリなんて手法を編み出したんでしょ。「背は腹に代えられぬ」だったら納得なのにねえ。

苦笑を禁じ得ないが、このような誤解を生み出すのもこのことわざの奇妙な言い回しの所以である。

ところで、右のコメントにおける「ハラキリ」には瞠目したのである。私は、このことわざのいわれの本来は「切腹」と関係しているのではないかと推測しているからである。

この表現の初出は、虎寛本狂言の「花子」に出てくる、「座禅の躰を致さぬにおいてはお手打ちに被成うとの御事で御座るに依て、背に腹は替へられず、座禅の躰を致しまして御座る」のようである（『日本国語大辞典』による）が、ここにヒントがあるのではなかろうか。

2011.1.21

大阪YWCA専門学校

の日本語教師養成講座での講義のあとで、受講生の岐田穂波さんから、ある情報をいただいた。

それは、彼女のお母さま（大正元年生まれ、故人）が、遠い昔に聞かせてくださったという、次のような大阪弁の歌の存在についてである。

エッさん　わてを好いてはる
エッさん　強いさかい
わて　弱いけんど
こわいこと　あらへん
わてのエッさん
わてのエッさん

わてのエッさん
わてを好いてはる

これは、賛美歌四六一番、「主 我を愛す 主は強ければ 我 弱くとも 恐れはあらじ 我が主イェス 我が主イェス 我が主イェス 我を愛す」の大阪弁バージョンである。

調べてみたところ、若干の歌詞の異なりはあるものの、関西に広く流布している歌であることが判明した。各地にも同様なものがあるようだ。

講義では、『ケセン語訳新訳聖書』(イー・ピックス出版)を完成させた山浦玄嗣さんの、岩手の大船渡教会で「山上の垂訓」を東北弁で語った折の情景を描いた文章を紹介したのであった。その文章のなかに、今は亡き小山サクノさんの語ったことばが記されている。

いがったよ!
おら、こうして長年教会さ通(あり)ってね、イエスさまのことばもさまざま聞き申してきたども ね、今日ぐれァイエスさまの気持ちァわかったことァなかったよ!

2010.6.5

拙書で、かつて次のように書いたことがある。

個としての一人の人間が標準を指向しつつ意識的に発話することばの総体が「標準語」である。したがって、そこには当然のこととして、個人差、地域差が存在しよう。ここで定義している「標準語」は、地域差の有無は問題にしていないのである。（中略）従来のように、地域差の無いことを前提にして、「標準語」は日本全体で一つ、といったような考え方は、話しことばに関しては時代錯誤なのではないか。その意味で私は、「標準語」というものを国家レベルで考える立場には与しない。

（『脱・標準語の時代』小学館文庫）

その後も「個」ということについて考え続けている。最近、辺見庸さんの文章を読んで、共感を覚えるところがあった。

人間の繋がり合いというのはとても大事です。だからこそ私たちは常に個という極小の単位に立ち返る必要がある。「私」という単独者の絶望と痛みを、大げさにいうならば、世界観の出発点とする。絶望と痛みは共有できず交換も不可能である。そのことを認めあうほかない。そこではじめて、他者の痛みへの想像力や存在自体への敬意が育つのではないかと私は考えています。

（『たんぱ色の覚書　私たちの日常』毎日新聞社）

ちなみに、この本のなかで、辺見さんは、「国家の暴力」、そして「抵抗暴力」に次ぐ「第三の暴力」と呼ぶべきものがあると述べ、それぞれを次のように定義している。

国家とはある領域において暴力を独占する共同体である。国家は国家がふるう以外の暴力を一切認めない。これに対する集団的叛乱が「抵抗暴力」である。そして「第三の暴力」とは、集団を前提としない、あくまで諸個人の自律性に基づいた抵抗であり、これは日常の些細な場面でも起こりうる。

2008.2.24

最近、菊地暁さんによって、京都の新村出記念財団の重山文庫に所蔵されている柳田国男から新村出への書簡群が紹介された（「拝啓　新村出様—柳田国男書簡からみる民俗学史断章—」『国立歴史民俗学博物館研究報告』一六五）。

注目されるのは、昭和一五年一〇月十三日に創設された日本方言学会をめぐっての書簡である。柳田は、この学会の初代会長であったが、次期会長に決まっていた新村に対し、当時の学会の状況について、次のような言及をしている。

只今の大きな心配は、折角会が出来舞台はと、のっても皆が尻込をして何も発表しないで居ること、物笑ひに絶りはすまいかといふことです。少しかあとで訂正せられるやうなことでもどしどし言つてのけるやうな勇気を若い人たちにもたせたいと思つて居ります。それで私の在任中に一度ハ大会にて何か御話して下され、且つ尻込座の尻を打つことに御手を御貸し下され候やう夙くから願つて置きます。只今の形勢では全く任期を一年にして置いてよかつたと思ふばかりです。何の為に学会を作つたらうかという感じもしないでハありません。

（昭和一六年一月五日付書簡）

ここに、当時の方言研究界の閉塞状況を見てとることができる。だがしかし、このような研究不振の要因には、太平洋戦争の始まる直前といった時代性が関与しているのだろう。

なお、柳田書簡には、学会の資金繰りに関して、以下のような、いわば形振り構わぬ金策の提案といった、生々しい言及も存在する。

学位に非ずして此会に関心をもつ大人物、平たくいふなら金を出し助けてくれさうな人には前に名誉会員になつてもらふ方がよく無いかと存し候。どうか御賛成被下度候実ハ放送協会、長を入れたき下心に候。文部大臣もと存しをり候。

（昭和一五年一一月三日付書簡）

学会とはいえ、その組織の運営者は、世俗、あるいは政治と関わらざるを得ないといった現実を改めて見せつけられる思いである。

2012.5.5

先年、次のように記したことがある。

戦前・戦中、日本の植民地であった台湾、朝鮮半島、南洋群島、さらには占領地である中国、東南アジアの各地域における日本語教育、日本語普及が、単に語学的な技術の問題、方法論の問題、教育的な実践の問題だけではけっしてなかったように、戦後のいわゆる国語改革論争も、単に技術的な問題についての対立、論争とのみ考えるわけにはいかないと思う。(中略)が、指摘すべきなのは、戦後の論議が「国語」に限定され、「日本語」について語られることがほとんどなかったという点である。戦前・戦中に外地で日本語教育に携わった、あるいは日本語の普及に関係した多くの人々、あれほど声高に日本語教育を語っていた人々が、敗戦後、その経験を自分の研究活動の中にあえて持ち込もうとはしなかったのである。自ら体験した「日本語」の問題を、閉鎖的な「国語」の問題に切り換えてしまったのである。

(『脱・標準語の時代』小学館文庫)

国語学会がいよいよ来たる一月一日から学会名を「日本語学会」と改名する。

昨年、学会でそのことをめぐるシンポジウムがあった。その合間での会場校側代表者のあいさつの中に、「日本語は世界でいちばん美しい言語なので、云々」という表現があった。その瞬間、後ろの席の韓国人女性学生からの、「アー」というひそかな溜息のもれるのが聞こえた(ように私には思えた)。
「国語」であれば、けっしてこのような文脈は構成できないわけである。「国語」ということばは、「自衛隊」ということばとともに、日本人の視野、行動を国内にとどめておくための役割をも果たしていたのか、と考えつつ、ある感慨にひたったのであった。

2003.12.8

歴史にふれて

生まれ育った家

から見下ろせる川向こうの集落（「西赤尾」）に行徳寺という寺院がある。本願寺第八代法主蓮如（一四一五―一四九九）の教えを受け、浄土真宗（一向宗）の教化・実践に励んだことで有名な「赤尾の道宗」を開祖とするお寺である。

道宗（一四六二？―一五一六）は、俗名を弥七という。蓮如の「御文（おふみ）」（布教の手段として全国の門徒〈信者〉へ発信された仮名文による文章）を熟読するとともに、一五〇一（文亀元）年、「赤尾道宗二十一箇条」を村民との合議によって作成し、教化に努めた篤信者である。

蓮如がその晩年の一四九六（明応五）年に草した「御文」には、弥七に関する記述が見える。次のようである。

ちかごろの事にてやありけん、ここに越中国赤尾の浄徳といひしものの甥に、弥七といひしをとこありけるが、年はいまだ三十にたらざりしものなりけるが、後生を大事と思て、仏法に心をかけたるものなり。然れば、此六年のさきより当年まで、毎年に上洛せしめて、其内に年をとる事六年なり。

かの男のいはく、当流の安心のやうかたのごとく聴聞仕り候といへども、国へくだりて人をすすめけるに、さらに人を承引せざるあひだ、一筆安心のをもむきをふみにしるしてたまはるべき由しきりに所望せしめて、田舎へまかりくだりて、人々にまふしきかしめん、と申すあひだ、これをかきくだすものなり。

夫当流の安心と申すは、なにのわづらひもなく、もろもろの雑行をなげすてて、一心に弥陀如来後生御たすけ候へ、とまふさん人々は、たとへば十人も百人も、ことごとく浄土に往生すべき事、さらにうたがひあるべからざるものなり。

これを当流の安心とはもうすなり。

当時、五箇山と京都を（徒歩で）往復することは並大抵のことではなかったはずである。しかも六年もの間、年に二、三度の毎年の行き来である。弥七の信心が、そして蓮如へのリスペクトが尋常なものではなかったことがうかがわれるのである。

2015.10.1

五箇山

では、年の初めの先祖の命日に親類一同が集って供養をする。その行事を「月忌（がっき）」といった。

北陸での浄土真宗の門徒組織は、蓮如の時代以降、「講」と呼ばれるようになったのであるが、五箇山では「十日講」というものが門徒衆を統括する組織であったようである。その成立年代ははっきりしないが、天文年間（一五三二―一五五五）には五箇山の門徒衆による十日講によって、本願寺へ毎年、糸と綿などを進上していたことが明らかとなっている。

ところが、しだいに十日講にやや緩怠の気風が生じたようで、例年の進上物を納めなかったことがあり、金沢御坊からの叱責を受けることになった。そこで、一五五二年一〇月二十七日、講のメンバー八十七名が連判状を作成し、今後のより一層の奉仕をすべきことを誓ったのである。それが、私の曾祖母の実家、生田家が所蔵してきた「十日講文書」である。

その連判状の「申定候条々」を掲げよう。

一、十日講依致如在、御坊様曲事之由、被仰出候。尤驚入存候。於向後者、此人数致如在間敷候。

若無沙汰仕候者、浄宗可被申上候事。

一、京都へ毎年進上仕候御志之糸綿之儀、致如在間敷之事。

一、御公用不沙汰之儀、曲事之旨、被仰出候。尤存候。於向後者、如在仕間敷之事。

右条々於背此旨者、堅可致成敗候。仍定所如件。

以下、五箇山全域の八十七人による署名が続く。

ちなみに、十日講が叱責を受けた金沢御坊は本願寺が北陸支配の拠点として建てた寺院である。この寺院の名称が地名「金沢」の起源であるともいわれる。

わが十日講連判状は本願寺による政治的支配の様相をビビッドに伝える貴重な文書である。この間、門徒衆は本願寺の私兵的な性格を強めていった。そして戦国大名もそれを無視することができないような存在になっていったのである。

2009.1.6

戦国大名

の越後、上杉景勝による越中進出作戦は一五八一年のことであるが、この年は越中に台頭した佐々成政が、入洛を遂げた織田信長と結んで、越中守護に就いた年でもある。翌一五八二年、柴田勝家が信長より越後の領有を命ぜられるに

二階の教室が終って階段口のブラスバンド楽器棚へ来た。破れた大太鼓をやけに叩いた。クラリネットなどをいちいちサックから出して見終わって、引き出しになったら、また困ったことに朱房のついたラッパが出てきた。それをつきつけて連呼した。

「ミッタリスイング？ミッタリスイング？」

私はどぎまぎしている処へもって来てミッタリミッタリと早口に繰り返されたものだから、ミリタリーだという事がどうしてもわからぬ。とうとうアーミーと言いかえてもらってヤットわかったのだが、わかればいよいよ困るばかりだ。ミッタリスイングに間違いないのだ。彼はいよいよ私の返答をうながすように、頬をふくらませてヤケに二、三回、ブー、ブーッと吹き鳴らしたけれども私は黙っていた。

階段下の棚からまた雑品が引き出された。またミッタリスイングだ。鞘をはらうと竹光の名刀。麦屋踊りの二本差しだ。それを振りまわす彼の開襟シャツの間から、毛ムクジャラの胸毛がチラチラ見える。どうも私が子供の頃からつくり上げている「西洋人」というものの概念からすこぶる遠い。昔新聞種になって一世を恐怖せしめた鬼熊の方に近い。そして言う事がふるっている。「ジュードー？ジュードー？」剣道と柔道を間違えているんだ。西洋人は日本の柔道を恐れているということはかねがね聞いているのでいよいよおかしい。

「ノーノー。オンリー、ア、トイ。プレースイング、プレースイング」

三種の戦利品が応接間へ持ち込まれた。隊長はその時まで、皆葎小学校から貰って来た、児童がクレヨンで書いたアネサマ絵を嬉々として振り回して口笛を吹いていた。それに校長は神妙に陪席していたらしい。口笛をやめ、アネサマ絵をポケットにしまい込み、今までとはガラリとかわった大マジメな態度で戦利品の審議に入った。写真週報は、私のウエストペーパーの連呼で、適当に処分せよということになった。竹光は、私がオンリー、ア、トイと言って隊長から引きたぐってヘシ折ってしまったら、残りの一本をオミヤゲにくれということになった。ラッパだけはどうにもならなかった。通訳は日本語を言ったり英語を言ったりしながら英語で記録をとっていた。事務が終ってから暫くの間くつろいだが、出した茶にはついに手をつけなかった。隊長は、私が手短に話した身の上話に、青年のキ一本なマジメサを瞳に現して耳を傾けてくれた。そして好意をこめて私の手を握ってくれた。プーシャルとかいうフランス人みたいな名だった。校長は、アネサマ絵からして隊長さんは絵が好きだというわけで、私の絵を贈れと言ったのだが、色彩もない墨一色では面白くもおかしくもない様子だった。つまり隊長さんは「アネサマ」が好きだったんだろう。

ところが下士官は「ラッパ」が好きだった。プーシャルさんが運転してジープが帰途につくと同時に、ひと吹きブーッと吹いた。暫くしてまたブーッと吹いた。また暫くして吹くのが聞えてきたけれどその音は次から次と小さくなって行った。玄関にボンヤリとり残されてそれを聞き入っている私たちの気持は、なにかうらぶれた、みじめなものだった。だがそれにもかかわらず、私の心には、私の言葉を聞き入ってくれたあの時の眼差しの美しさがいつまでも温かく残っていた。

2005.9.5

パラオ共和国に出かけてきた。

いま主宰している研究プロジェクトの成果報告会を兼ねて、パラオ・コミュニティ・カレッジで開催したシンポジウム（Palau's Japanese Era and its Relevance for the Future）に出席するためである。

シンポジウムの合間に現地の年配の女性たちによるMusical performances of Japanese-Palauan songsがあり、その演目の中に「この世の花」があった。歌詞を口ずさみながら、私は数十年前のある風景を蘇らせていた。

「赤く咲く花青い花、この世に咲く花数々あれど・・」

この歌は、その昔、渥美半島先端部の伊良湖岬近くの村で、倒壊した温室群を眺めていた折に確かラジオから流れていた。それは島倉千代子が歌っていたもので、伊勢湾台風直後のことである。

戦後間もない頃、渥美半島の先端部、伊良湖岬の近くにあった旧陸軍の試験射撃場跡地に集団入植を企画する事業があった。中国大陸、満州の西北部からふるさと五箇山に復員してきた私の伯父も家族全員でその開拓団に加わったのであった。一九五三（昭和二八）年の夏のある日の早朝、一家が荷物を満載したトラックに分乗して村を出発していくのを涙ながらに見送ったことが鮮明に蘇る。当時、私は小学校二年生であった。

開拓後、多くの温室を建造して、ようやく彼地での伯父一家の生活が軌道に乗りはじめた矢先の一九五九年秋、あの伊勢湾台風が襲ったのである。そして、すべてが崩壊した。

私が訪れたのはその直後のことである。

「この世の花」の旋律とともに、倒壊した温室群を眺めつつ伯父がつぶやいたことば、それが私の心の中にずっと残ったのであった。

「ノモンハンでのことを思えば、大したことではない・・・」

伯父は職業軍人であった。ノモンハン事件とは何であったかを知ったのは最近のことである。

2012.8.1

満州

といえば、千葉県香取郡での方言調査の話者として、偶然に出会い、その後何度もお邪魔することになった、いまは亡き岡村進さんのことが思い出される。もう三十年以上も前のことになる。時の流れの早さには驚くばかりである。

調査の合間、岡村さんに戦時中の旧満州での従軍体験談を強請することが幾度かあった。かつて兵士仲間と踏み込んだ敵地の学校で押収したという教科書の切れ端を見せてくれたことがある。また、所属部隊の隊長から、ある農村集落を焼き払うことを命令され、仲間と決行した時の状況を赤裸々に語ってくれたことがある。

その折々の、彼の葛藤と苦痛に満ちた表情が忘れられない。

命令を下した部隊長は東京出身の人であった、という。岡村さんたちは、東京のことを何故か「東京ムラ」と呼んでいた。

「東京ムラの人は駄目だよ。百姓のことがまったくワガンネァダガラ」

農家で過ごした彼には、自分の家を焼かれることの辛さが痛いほど分かっていた。しかし、命令に背くことのできなかったその時の苦しみを、このような表現で吐露してくれたのであった。

火がまわるやいなや、山に逃げ隠れていた住民たちの泣き叫ぶ声が藪の中から聞こえてきた。その方向めがけて銃を連射した。逃げ遅れ、抵抗して下士官の軍刀にしがみついた青年がいた。下士官が刀を抜いた瞬間、その青年の指がぱらぱらと地面に落ちた。猛火に包まれた家から這い出してきた老人は再び火の中に投げ入れられた。

阿鼻叫喚の地獄図である。

ところで、私は、このような証言を、ある目的を意図しての「貴重な証言」などとするつもりはない。ただ、時代に翻弄された若き日の出来事を、長い間、自分の内だけにしまい込んで、ひっそりとして生きざるを得なかった多くの人々がいたことを伝えておきたいと思うのみである。

2012.9.1

あれ

は、中学三年生の秋のある日の夕刻のことだった。

学校のグラウンドで野球に興じていた折しも、校内の拡声器から突然に大音響で臨時ニュースが流れた。日本社会党委員長、浅沼稲次郎が日比谷公会堂での演説中に暗殺されたという一報であった。

そのニュースに接した瞬間での感覚が今も鮮明によみがえる。それは、生まれてからずっと平和であった、この日本がまた戦前のような暗い時代に戻るのか、という一抹の不安、怯えであった。何故そんな生意気な感覚が生じたのかは不明なのだが、日々の平和教育が影響していたのかもしれない、と思う。

そういえば、浅沼がその前年の訪中時に発言したとされる「アメリカ帝国主義は日中共同の敵」という表現を当時吟味したことが記憶のなかにある。

浅沼を襲ったのが、私とはそんなに年の違わない十七歳の若者であったということがさらに衝撃を強くした。その若者の名は山口二矢。山口は、事件の三週間後、練馬少年鑑別所の単独室で自ら果てた。

この事件は、一九六〇年一〇月十二日の出来事なのであるが、その概要について、ウィキペディアには、次のようにある。

浅沼は午後三時頃演壇に立ち「議会主義の擁護」を訴える演説を始めた。浅沼が演説を始めた後右翼団体の野次が激しくなり、(中略)午後三時五分頃、山口が壇上に駆け昇り、持っていた刃渡り三十三センチメートルの銃剣で浅沼の胸を二度突き刺した。浅沼はよろめきながら数歩歩いたのち倒れ、駆けつけた側近に抱きかかえられてただちに病院に直行した。(中略)一撃目の左側胸部に受けた深さ三十センチメートル以上の刺し傷によって大動脈が切断されていた。内出血による出血多量によりほぼ即死状態で、近くの日比谷病院に収容された午後三時四十分にはすでに死亡していた。側近によれば、運ばれる途中踊り場で絶命したという。この殺害行為の発生により、演説会はそのまま打ち切られた。

2013.12.1

東北太平洋岸

の惨状にはことばもない。

仙台時代に時折訪れていた石巻。その今の映像を見ていて、ふと辺見庸さんのことを思い出した。辺見さんは石巻の生まれである。

彼の著書を改めて読み返している。そのなかの「痛みについて」と題する文章から。

私たちの日常とは痛みの掩蔽のうえに流れる滑らかな時間のことである。または、痛みの掩蔽のうえにしか滑らかに流れない不思議な時間のことである。日常を語るには、したがって、痛みを語るほかない。

痛みとは、たとえ同一の集団で同時的にこうむったにせよ、絶望的なほどに「私的」であり、すぐれて個性的なものだ。つまり、痛みは他者との共有がほとんど不可能である。じつにやっかいだ。痛みの程度もまた計測不能であり、客観的な数値で示すことはできない。ということは、「私の痛みこそが世界でいちばん痛い」という主観に常に帰着しかねないのだが、いかに偏頗であれ、これこそが痛みや苦しみの感覚がもつ苛烈な事実であろう。たかが小指の擦過傷であろうが、傍目にはどうということのない心の傷であろうが、本人にとっては他のだれよりも深い痛手であることは充分にありえるし、決して虚偽申告ではないのだ。

（中略）私の痛さが遠い他者の痛さにめげずに近づこうとするとき、おそらく想像の射程だけが異なった痛みに架橋していくただひとつのよすがなのである。私たちの日常の襞に埋もれたたくさんの死と、姿はるけし他者の痛みを、私の痛みをきっかけにして想像するのをやめないのは、徒労のようでいて少しも徒労ではありえない。むしろ、それが痛みというものの他にはない優れた特性であるべきである。

（『たんば色の覚書 私たちの日常』毎日新聞社）

辺見さんの心の先は別の対象に向かっているのだが、私はこのたびの状況に対しても同様の思いを禁じ得ないのである。

2011.4.22

一九五七年

のことである。当時、私は小学校六年生であった。

高岡市で「原子力」の博覧会が開催されているというので、父母と弟の家族四人、五箇山から長い時間バスに揺られ、その博覧会に出かけたのであった。

「原子力平和利用博覧会」と名付けられた、その博覧会で今も印象深く脳裏に焼き付いているのは、大きな卵が棚の上に置いてあって、その下に、放射線を浴びせるとこんなにも大きなものに成長する、今後の生産向上が期待できる、といったようなコメントが記されていたこと、そして、もうひとつは、台風の目に原爆を投下すれば、台風の進路が変更できる、何と有効なことか、といったような説明があったことの二点である。その他のことはあまり覚えていない。

いずれにしても、「原子力」というものが将来の豊かな生活のための貴重なエネルギーであることを、子ども心に刻印づけされたのであった。

この「博覧会」とは一体何だったのかを調べてみた。

当時、「ビキニ被災事件」（一九五四年三月）で巻き起こった日本の反核運動（原水爆反対平和運動）の拡大を警戒した米国は、博覧会というメディアを利用して、原子力が、産業、農業や医療に役立つことをPRしようと図ったのである。そして、米情報局の全面的なサポートのもとで、正力松太郎氏の率いる読売グループが主となって企画したのが、この「原子力平和利用博覧会」であった由である。博覧会は、一九五五年一一月から一九五七年八月にかけて、各地で開催された。高岡市の古城公園を会場とした折の入場者は、読売新聞社によれば、約三十万人にのぼったという。

正力松太郎氏は富山県の出身である。一九五五年二月に高岡市や五箇山を含む富山二区から衆議院議員選挙に出馬、当選した。そのときの選挙運動の様子もわたしの記憶のなかに微かに残っている。

正力氏はその年の一一月、第三次鳩山内閣で原子力委員長に就任、そして翌年、新たに発足した総理府原子力委員会の初代委員長に就任した。したがって、日本の原子力行政は彼をもって嚆矢とするのである。

2011.11.1

蜷川幸雄

演出の「たいこどんどん」を見た。この「たいこどんどん」は、井上ひさしが、小説「江戸の夕立ち」を自ら一九七五年に劇化した作品である。

作者、井上への追悼と東北の被災地への鎮魂の思いを連ねた蜷川演出は、巧みで、ずっしりと、見応えのあるものであった。ひょんなきっかけで江戸から東北へ流れ着いた男二人の珍道中。駄洒落や歌、踊りを交えながらの、底なし沼の東北巡り。沖の大波のなかを漂流するくだりや役者たちの哀愁のこもった東北弁の抑揚が被災者の今と重なって、胸に迫るものがあった。

さて、九年間の漂泊の果てに辿りついた江戸は…すでに維新を迎えていた。明治国家の殖産興業、その近代化をたたえる皮肉なラストソングを聞きながら、最近目にした川田順造さんの文章を思い起こしていた。

アジア・アフリカ諸国で、私たちはしばしば「日本は伝統文化を保ちながら近代化を果たし、欧米諸国を凌駕しさえしたが、それはどのようにして可能だったのか」と訊ねられる。私はそれを、現実と一致しない神話だと思う。日本の「近代化」は多くのゆがみを引きずって成立したもので、とくに太平洋戦争にいたる経過は、そのゆがみが拡大されてアジアの近隣諸国にも日本自身にも大きな禍をもたらした。

明治維新以来「近代化」された大日本帝国が、このような災厄を内外に及ぼした果てに、成立後七十七年で崩壊した事実から見ても、日本の「近代化」が、けっして肯定的にだけ評価されえないことは明らかだ。アジアの一国である日本が、現在以後の世界で、多くの面で立場を共有するアジア・アフリカ諸国に立ち交って、どのように自らを位置づけていくか、政治・外交・経済・文化など、現実に対応を迫られている領域における諸問題を考える上での、広い視野に立った認識が、いま問われている。

（「民博通信」一三二から）

そして太平洋戦争の敗戦からさらに七十年が経過して、われわれは今また新たな節目に立っている。

2011.8.6

私の祖母

私の祖母は、一八八三年、明治一六年の生まれである。

当時の五箇山では文字を読むことのできる女性は大変に珍しかったようである。子どもの頃、祖母が友人との雑談中に、「あの女（ひと）は新聞が読めるそうじゃ」などとうわさをしているのを耳にしたことがある。優しく、聡明な祖母ではあったが、おそらくリテラシーは欠いていたのだと思う。

その祖母が、あるとき思い出したように、「そういや、このところしばらくいくさ（戦争）がないのう」と述懐したことがあった。私は、それに応じて、知ったかぶりで、「日本はもう戦争はしないって決めたんだよ。軍隊もなくなったんだし」と教え諭したのであった。

計算してみると、祖母が十一歳のときに日清戦争が始まった。二十一歳のときに日露戦争が始まった。三十一歳のときに第一次世界大戦が始まった。そして、満州事変は四十八歳のとき、日中戦争の開始は五十四歳のとき、太平洋戦争の開始は五十八歳のときである。

祖母にとっては、いくさ（戦争）というものが日常茶飯事なのであった、と思い知らされる。

翻って、昨今の改憲への流れについて想いを致すのである。

2014.9.1

海外にて

韓国に出かけてきた。ソウルにある中央大学校の日本研究所からの招請講演に応じての出張であった。

韓国の土を初めて踏んだのは一九八六年のことである。その後の約二十年間での訪問回数はすでに十数回を数える。そのなかでも、済州道のハルラ（漢拏）山、忠清北道のソクリ（俗離）山、江原道のソラク（雪岳）山遊覧のことは特に忘れられない。北のペクト（白頭）山での思い出もまた。

ところで、飛行機に乗って、地球の丸さを確認するたびに、思い出す情景がある。それは子供の頃、隣家のいろり端で、いまは亡き翁から教えを乞うていたときのことである。

翁曰く、「なあ、お前、地球が丸いなどという俗説にだまされたらダチカンゾ（だめだよ）。大体、山の峰を見りゃ分かろうが。でこぼこで、丸いはずなど無かろうが。」と。

そのときは、まことそうだと納得したものであった。

鳥瞰的思考というのがある。翁の見方はそれに対する、いわば虫瞰的思考ということになるであろうか。このようなフォークカルチャーとしての認識系を大切にしたいと思う。学術的な認識系と民衆の認識系の間に貴賤はないのである。

2005.6.6

幼い頃

の秋のある日、父と山道を二人で歩いていた。そのうち父が突然に茂みのなかに姿を消した。しばらくして茂みから何か蔓状のものを手に持って現れ、にやりとしながら、私にそれを手渡したのである。

蔓付きのアケビであった。アケビというものを手にする初めての経験であった。

そのときの思いを白状すれば、食べ物が畑ではなく藪のなかにも存在することが何とも不思議なのであった。そこにある種の恐畏のようなものを感じたのであった。

大げさにいえば、それは農耕と採集経済との違いを捉えた瞬間といえるのかもしれない。

農耕と採集経済との違いを二度目に体感したのは、フィールドワークで訪れたミクロネシア・トラック環礁の夏島であった。戦前、日本はこの夏島に軍司令部と海軍病院を置いていた。夏島は現在のDublon島である。

現在、Dublon島のそのあたりはジャングルとなって樹林が生い茂っている。地元の人たちはそのあたりの区画を、シレプ、ケカ、ナイカといった地名で呼んでいる。シレプは「司令部」、ケカは「外科（病棟）」、ナイカは「内科（病棟）」の跡である。

かつてそのあたりには日本人が開墾したアタケ（「畑」）も多くあったという。しかしそれらはすべてが消滅し、いまや全域がジャングルとなっている。

それを見て、ジャングルになり果ててしまったと嘆く日本人がいるかも知れない。しかし、無理に耕作するよりも、ジャングルの方が、椰子が生え、バナナが実り、パンの樹が茂って、食料には事欠かないのだという側面をわれわれは理解すべきなのである。

2010.10.3

遠い親戚

に瞳の色の薄茶色っぽい女性がいた。幼心にそのおばさんがなにか異人さんのように思えて、実は怖かったのである。

少し大きくなって、自分の顔を鏡でつくづく眺める機会があった。そして驚いたのである。なんと自分もあのおばさんと同じ眼の色をしているではないか、と。

大学一年生の初夏、副鼻腔炎の手術をしたときのことである。病院で、マスクをして廊下を歩いていた折、知らない小学生が、私の眼を見上げつつ、「お兄ちゃんは外国の人なの？」と聞いたのであった。

そういえば、研究室でのある場面が思い浮かぶ。

ブラジルからやってきた国費留学生のジュリオ君に初めて面会したときのことである。ジュリオ君の最初に発したことばは、「先生は中央アジアあたりにルーツがあるのですか」であった。ジュリオ君のルーツはアフリカなので、ことさらそのことにこだわったのであろうが、そのとき何故か昔のことが思い出されたものである。

この夏、内モンゴル大学モンゴル学学院からの招請もあり、調査を兼ねて、内モンゴル自治区の区都、フフホト（呼和浩特）を訪れた。フフホトはモンゴル語で「青色の都市」を意味する。その名の通り美しいところであった。折から開催されていた内モンゴル師範大学での「第二回モンゴル語応用研究学術検討会」にも参加して、発表の機会を得、「地域語の復権」をめぐっての話をした。

フフホト滞在中、西方、砂漠の中の工業都市、オルドスに出かけた。

オルドスで、瞳の色の薄茶色っぽい何人かの女性たちと会ったのである。なんだか、遠い昔の、ふるさとにいるような気がしていた。

2008.10.1

大学研究棟

の外階段の庇にツバメが久しぶりに巣作りを始めた。数年ぶりのことなので、心が高揚した。出勤の折ごとに、その出来具合を眺めることが日課となった。

ところが、である。巣がほぼ完成するかに見えた段階で、当のツバメ自身がその巣を壊し始めたのである。番《つがい》のあいだに何が起こったのか、私には知るすべもないのだが、かなりのショックをおぼえた。

閑話休題

オーストラリアのキャンベラで過ごしたのは一九九一年の夏のことであった。

オーストラリア国立大学（ANU）のresearch fellowとしての招請に応じての滞在であった。お世話いただいたバックハウスさんの計らいで、構内の林の中にある瀟洒な一戸建ての家を宿所とすることができた。その家で、タイからの留学生ウォラウットさんやインドからの留学生パンカジさんたちと折々にパーティーをして楽しんだことが忘れられない。

パーティーを終えて、窓の外を何気なく眺めていたときのことである。叢林から一羽の鳥がよろよろと地面に落ちてきた。すると即座にその鳥をめがけて数羽の鳥が突撃してきて、つつき始めたのである。しばらくして別の大きな鳥が現れ、その鳥を食いちぎり始めた。

私はそれを怯えながら見つめていた。「鳥葬」などということばを想起しながら。子どもの頃から、多くの野鳥たちが空を飛び回っているが、あの鳥たちの死骸を見ることがないのは何故なのだろう、と思ってきた。鳥たちは一体どこで死ぬのだろう、と。その謎がやっと解けたような気がしたのであった。

2014.8.1

昨夏の一ヶ月間、タイのバンコクに滞在した。チュラロンコン大学大学院での集中講義のためであった。

講義の合間のある一日、バンコクから車で二時間半ほどの距離にあるカンチャナブリに出かけた。カンチャナブリは、映画『戦場に架ける橋』の舞台となったクワイ河鉄橋のある町である。

わたしたちの世代には懐かしい「クワイ河マーチ」のクワイ河鉄橋。第二次世界大戦中、日本軍はバンコク付近のバンポンからミャンマーのタンブユザヤトまでの四一五キロメートルにわたる鉄道の線路を敷設した。いわゆる泰緬鉄道である。それは、日本軍による突貫工事に駆り出された多くの連合軍の兵士やアジア人労働者が命を落とした悲劇の鉄道であり、「死の鉄路」とも称されている。英米軍の空爆でほとんどが破壊されたが、現在も両端末のわずかな部分が残されているのである。

鉄橋を歩いて渡った。

案内してくれた人が、「この枕木のひとつ一つがここで犠牲になった人間のひとり一人に対応しているのだと言われています」と話していた。その瞬間、後ろから俘虜たちの口笛による合奏が聞こえてきた(ように思った)。

近くのWorldWarⅡ Museumを見学した。中国風建築の館の入り口には何故かヒットラーと東条たちの像が立っていた。複雑な気持ちになった。

2005.2.14

タイ

に関するニュースを聞くにつれ、バンコク滞在の日々のことを思い出す。その滞在中、古寺を巡礼した。そこで往々尋ねられたのは、生まれた日の曜日であった。

それまで自分の生まれ日の曜日など、まったく意識したこともなかったし、知ることもなかった。仏教国のタイでは自分の生まれた曜日を重要視する習慣がある。寺院ではそれぞれの曜日にちなんだ仏像がならんでいるのが普通で、人々は自分の生まれた曜日の仏陀を拝むのである。

私の生まれたのは、一九四六（昭和二一）年二月二十四日である。調べたところ、その日は日曜日であった。

日曜日の仏陀は、両手を腹の上に右手を上にして組み、菩提樹を見つめている姿の立像である。タイ語では、プラ・プッタループ・パーンタワーイネート。その仏像は、仏陀が菩提樹の下で七日間の瞑想を行ったときの姿で、瞬きもせずに見つめ続けた（眼を献上する）という物語を表しているのだという。

ところで、この日の前後、日本はどのような時代であったのだろうか。ウェブの「昭和ラプソディ」には、次のような記事がある。

昭和二一年二月二十四日、朝日新聞朝刊には「救いなき人々の姿探訪記」と題したルポが掲載された。それによれば上野界隈には三千人から五千人の浮浪者が巣くい、山の防空壕に住む者など様々で、朝夕はガード下で焚火などをして暖をとっていた。仕事を持つ者は朝は十銭の切符で山手線を二回りして暖をとり、職場へと向かっていた。少年組は靴磨きを行い、一日の売り上げは百円ほどで、食事は闇市の屋台でとり、余った金は賭博などにまわしていた。少年らの兄貴分ともなるとポマードを髪になでつけ、さながら街の紳士風だった。一方、哀れ極まりないのが老人や子連れの中年女で、池の向かい側の厚生会館で窮死者続出の悲惨な生活を送っていた。四月には東京の行き倒れ死者は一日五人を数える状態にあった。

2012.2.1

上野界隈

の池といえば、先日シアターコクーンで見た唐十郎作・蜷川幸雄演出の「下谷万年町物語」での一場面を思い出す。

物語の舞台は、敗戦後の上野駅と鶯谷の間にあって、オカマ（男娼）がたむろしていた下谷万年町。町には彼らの嬌声が響いて喧しい。その猥雑でグロテスクにみえる民衆の笑いが、権威的なものをおとしめ、翻って民衆の身体的な力を肯定する、といった蜷川演出は見応えがあった。

オカマたちが一同に会したそのとき、舞台前面に設置された池（瓢箪池）の中から男装の麗人キティが現れる。キティはコンプレックスを抱え、人とうまく関係を築けないが、それでも信じる人がいて、自分が解放されるのではないかと思うところにまっすぐに向かっていく女性。その役を宮沢りえさんが演じていた。宮沢さんは蜷川作品には今回が初参加であるが、舞台をさっそうと駈けぬける、そのエネルギッシュな姿や彼女独特の透明性のあるセリフ回しが、グロテスクな情念とも相俟って、何とも不思議な空気を醸し出していた。

蜷川幸雄さんは今年の末にイスラエルでギリシャ悲劇「トロイアの女たち」を公演する予定とのこと。これは戦争で愛する人を失った女性たちの運命を叙情的に描いた作品であるが、ユダヤ人、アラブ系イスラエル人、そして日本人の役者がそれぞれの言語で演じるという。

蜷川さんはインタビューの中で、次のように語っている（朝日新聞二月四日付け朝刊）。

——三つの民族、言語で演じることの意味は？

「演劇は、人間同士がコミュニケーションしなければ成り立たない。異質の言語が飛び交う中で、必死に相手の言うことを聞こうとする。鋭敏な感覚で、言葉の裏側にある内的な言語に到達することが求められる。それが我々が日常怠っている根源的なものを求める力になっていく。そのことが唯一の希望です。いい俳優は言語を超えていくんです」

2012.3.3

北欧

のフィンランドに出かけてきた。ヘルシンキ大学での「フィンランドにおける日本語」セミナーへの招請に応じての出張であった。

晩秋のヘルシンキは気温四度前後の毎日であった。少し寒かったが、数枚の黄葉を残した街路樹の黒い枯れ枝が建物の黄土色の壁に映えて、なんとも美しい光景であった。ベルナール・ビュッフェの線画に描かれるその原物を見ているような気分であった。

セミナーの終了後、軍事博物館を訪れた。そこには、いわゆる「冬の戦争」の展示がなされていた。「冬の戦争」とは、フィンランドが、第二次世界大戦中の一九三九〜四〇年に、国境紛争をめぐってソ連と戦った自衛の戦争のことである。

一九三九年、ソ連とドイツによってポーランドが分断されたが、ソ連はさらにエストニア、ラトビア、リトアニアを占領し、フィンランドに侵攻したのであった。その後、フィンランドは一九四一年にドイツと結んで対ソ戦争に参加、一九四四年にソ連に降伏したのであった。この一九四一年以降の戦争を、当地では「継続戦争」と称している。

このような歴史を現在の若い人たちはあまり知らないようである。というよりも話題にすることがタブーであるように見受けられた。

ヘルシンキの沿海にあってユネスコの世界遺産となっているスオメンリンナ島の要塞

跡も訪れた。この海上要塞の建設はフィンランドがスウェーデン王国の一部であった一七〇〇年代に始まった由である。ただし、フィンランドがロシア帝国に併合されていた一九世紀のなごりなのであろう、一部の大砲は西側のスウェーデンの方角に向けて設置されていた。

大国の狭間にある国の立場の厳しさということを改めて思い知らされた日々でもあった。

2010.11.1

半年前

の昨年九月、わたしは中国東北部の延吉市にいた。延辺大学での「社会言語学特殊講座」での講師として招請されたのであるが、折しも九月三日は延辺朝鮮族自治州成立五十周年の式典の日であった。その式典にも招待されて参加することになった。

式典の会場には三万を超える人々が集まっていた。北朝鮮の専門家の指導を受けたというマスゲームは気味が悪いくらいに整然としたものであった。中学生たちの描く人文字の鮮やかさにも圧倒された。民族衣装を身にまとったたくさんの朝鮮族の女性たちが祝典の雰囲気を盛り上げていた。

ここはかつての満州国の一角である。高年層の人々は今も日本語を使用することができるのである。その人たちの日本語運用の実態を観察することが、この訪問におけるわたしの中心的な目的であった。

しかし、現在も日本語がリンガフランカ（共通語）として機能している台湾の山岳部などとは異なって、この地では、いわゆる文化大革命で弾圧された経験を持つ日本語使用者の多くが寡黙であった。このことはいずれどこかで書きたいと思っている。

延辺大学の林成虎教授が、「『北国の春は遅い…』という、映画での高倉健のセリフが身にしみます。」と語っていたことも忘れられない。

2003.3.30

黒竜江省の佳木斯（ジャムス）はまだ凍て付いているのだろうか。

佳木斯を訪ねたのは二〇〇六年九月のことである。中国東北部、かつて満州と呼ばれたこの地域における日本語の残存とかつての日本語教育の状況を調べることを目的とした訪問であった。

その折に、「満州国」の首都、新京（現在の長春）にあった国立大学、建国大学の学生として学んだ李徳生さんと会うことができた。李さんは、予備科を経て、教育学を勉強した人である。

建国大学については、私の東北大学での恩師、佐藤喜代治先生が戦前に教鞭をとった大学なので、ことさら関心があった。当時としては比較的自由な校風もあった由でもあり、戦前の教育の様子を聞きたいと思ったことが幾度かあるのだが、先生はいつも寡黙であった。中国人学生の作文の誤用の傾向に関しての話を少しうかがっただけで、それきりになってしまっていた。

李さんからは、当時の学校、教室でのさまざまな状況を聞くことができた。学校は全寮制で、中国人、日本人、朝鮮人、モンゴル人、ロシア人の学生が寝食を共にした。寮は「塾」と称されたようである。談話の中での、

「建国大学の人は、その多くが共産党に傾きます。」「授業のときにも先生の話を聞きません。後ろの座席に座って、自分の本を読んでいます。」

といったくだりはことさらに興味深かった。当時、反満抗日活動を行った中国人学生が大量に検挙された歴史を知っているからである。建国大学出身者は、後の文化大革命で迫害されるなど、悲劇的な運命を辿った人が少なくない。しかし、李さんは毛沢東からもらった直筆の手紙を保管していたために放免になったのだという。

その李さんの悲報に接したのは、お会いしてからわずか二ヶ月後の二〇〇六年一一月のことであった。心筋梗塞であったという。

歴史の語り部たちが相次いでこの世を去っていく。それを見送るのが辛い。

2008.3.5

二〇〇三年

の夏、北の大地サハリン（旧樺太）に出かけた。

サハリンの北緯五十度以南の地は、日露戦争以降、日本の統治領であった。そこへソ連軍が突然に侵攻したのは一九四五年八月のことである。そして一九五一年、サンフランシスコ平和条約で日本は樺太の領有権を完全に放棄した。その間、日本人はほとんどが引き揚げたが、一緒に生活していた約一万余人の朝鮮半島出身者は留め置かれることになった。その人々、特に戦前生まれの二世の人々がいまだに日本語を使っている。その状況を見ておきたいと思ったのである。

一九四四年、日本政府（閣議）の決定によって、樺太の炭鉱労働者の多くが九州の炭鉱に配置換えさせられた。このたびの調査に応じてくれたYさんのお父さんもその中の一人であった。

「父と離されて六〇年。その間の苦労、あなたたちに分かりますか。」と語ったときのYさんの表情が脳裏に焼き付いている。「日本人の一人として、この問題をどう考えるか。」と問いかけたサハリン韓人老人会の幹部のことばとともに。

ホルムスク（旧真岡）では、町はずれの旧熊笹峠にのぼった。（真岡といえば、ソ連軍の急襲のなかで、「皆さん、これが最後です。さようなら。さようなら。」と稚内に打電したあと集団自決した真岡郵便局の九人の女性電話交換手のことが思い出される。）旧熊笹峠は日ソ両軍の激戦地。いまも「戦勝記念碑」が立っている。そしてその記念の大砲は日本の方を向いているのであった。

銃口の先には、青く澄み切った晩夏の空が広がっていた。

2004.9.1

函館空港

の待合室でサハリン行きの飛行機を待っていたときのことである。

近くの席で、どうしても日本人としか見えない年配の男女が、日本語にロシア語をまじえてしゃべっているのが聞こえた。

しばらくして、男性が突然に飲み物を床にこぼした。見ていると、カウンターに走り、布巾をもらってきて床を拭きつつ、「愛する祖国の地を汚してしまった」とつぶやいたのである。その表現が耳に残った。

その男性、油本清榮さんに数日後ユジノサハリンスクでインタビューすることになろうとは夢にも思わなかった。予定していたインフォーマントの家に出向いた折、まさに偶然に彼と再会したのである。実はその予定していたインフォーマントの妹が彼の奥さんなのであった。

油本さんは北方領土の歯舞諸島、水晶島で生まれた。水晶島は納沙布岬から七キロメートルの近距離にある。ここは大正期に越中衆（富山県人）が開拓した島で、コンブ漁で栄えた。昭和初期の人口は約一、〇〇〇人、その半数以上が富山県人で、富山弁が共通語になっていた島である。

ソ連軍の侵攻は油本さんの小学校一年生のときであった。彼の家族は引き揚げができなかった。当時、日本人でもテクノクラートたちの帰還は許されなかった由である。その後、彼はロシア語を学び、ロシア人として働いた。現在は奥さんとともに日本に帰国、千葉市に住んでいる。このたびの旅は彼らの「里帰り」なのであった。

油本さんの御両親も富山・魚津の出身であったという。彼の話す日本語の韻律にも富山弁の名残が感じられた。

2008.9.9

先月の二十一日から二十六日にかけて、中国の延辺大学に出かけてきた。かつてこの地を訪れたのは、延辺朝鮮族自治州成立五十周年の年であった。来年にその六十周年を迎えるということなので、私の延吉市訪問は九年ぶりということになる。

延辺大学で開催された「第二回中日韓朝言語文化比較研究国際シンポジウム」への招請によるものであった。私は、「変革の前衛―東アジア残存日本語」というテーマでの基調講演をした。基調講演は、北京大学の王勇教授と韓国高麗大学校の李漢燮教授との三人であった。王教授は「漢字」という用語の起源と変遷について話された。李教授は漢字文化圏での「近代新語」に関するデータベース構築構想について話された。李教授は私が阪大に異動した年の最初の授業に受講生として参加していた、いわば教え子である。そのときからすでに三十年近くの歳月が経過している。懐かしいかぎりである。

大会には日本、韓国をはじめ、多くの国からの二百五十人を超える参加者があった。十九会場にも及ぶ分科会が設置され、さまざまな研究発表がなされた。発表は原則的に日本語に限るとされていた。それが何より有り難かった。

しかし、ホテルのテレビでは、中国語のほか、韓国（・朝鮮）語、英語、ロシア語の放送は流れているが、日本語の放送だけは流れていない。日本側が海外への放送に対してもっと積極的になってもらわなければ困る。日本の内向きの姿勢が、結果としてアジアの国々からも取り残されていくことになっている。日本はどんどん落ちていくのではないのか。と、日本語の研究を志向している、ある学生が残念そうに語っていた。

栄えた国が衰退していく典型を見ているような思いがある。ただ、私自身はそのことに関して、別に危機感を抱いているわけでもないのだが。

2011.9.7

いま、台湾大学構内の宿舎「鹿鳴雅舎」の一室でこれを書いている。

昨日までに講演と連続講義をどうにか終えることができた。今日はゆったりしたいと思い、遅くに目を覚ました。

テレビを点ける。どの局も、世界を駆けめぐっている「新型インフルエンザ」のニュースで喧しい。WHOは警戒レベルをフェーズ5に引き上げたそうである。

窓の外に目をやる。木々の緑が光り輝いて目にまぶしい。その下を若者たちが闊歩している。

テレビでの喧騒とキャンパスでの静寂の落差が気になる。

講義では、「母語、母方言とアイデンティティ」をめぐっての話をした。台湾大学の前身である台北帝大のことや光復後（戦後）の台湾の言語計画史などについても話したかったが時間切れとなった。

多くの若者にとって、かつての閩南語（台湾語）抑圧の歴史など、すでに体感できなくなっているようである。

母語は北京語（華語）であるが、大きくなってから台湾語を勉強した、という閩南系の学生がいた。母国語の再確認として意志的に学習する気持ちになったのか、と聞くと、当時の先生が強く指導したので、その先生のメンツをたてるためであった、という答えが返ってきた。

しかし、もちろん一方には、家庭内では昔からずっと台湾語で生活してきた、台湾語があくまで自分の母語である、と主張する学生もいる。

いずれにしても、若い人々の、過去に拘泥しない颯爽とした表情を見るにつけ、この地におけるヌーベルバーグを改めて強く感じるのである。

2009.5.1

昨日

まで、またしばらく台北郊外に滞在した。

台湾の空気に触れると、何故か心身ともに解放されるのである。その理由はよく分からない。が、おそらく高温湿潤な台北の気候が私の身体に合っているのだろう。

このところしつこく纏わりついていた左膝の痛みも完全に治癒した次第である。

ただ、今季は何日か大陸からの「黄砂」に閉口した日があった。周りがまさに黄色く霞み、先が見えないくらいの煙霧。このようなことは比較的珍しいと地元の人たちは話していた。ニュースによれば、この「黄砂」襲来は韓国や日本列島でも同様の状況であった由。

「黄砂」といえば、かつて五箇山ではそれをアカユキ〈赤雪〉と表現していたことを思い出す。「この時期になると何故か赤い雪が降る。それは春がもうすぐ来るという合図なのだ」と古老たちは言っていた。そして、四月も半ば頃に至ると、雪渓の断面に赤茶けた部分が線状に浮かび上がっていたものである。

このような春の風物詩としての「黄砂」はこれまで自然現象として理解されてきたわけであるが、近年の飛来回数の増加とその激しさに関しては、中国での過放牧や農地転換による耕地の拡大などといった人為に由来する事態であることが指摘されている。

中国の国内問題が北東アジア地域の環境に影響を与えるという、いわゆる「地球環境問題」がここにも存在しているようだ。

2010.4.1

時光過ぎやすく

何年ぶり

になろうか。ほんとに久しぶりに五箇山の春祭りを訪れた。阪大時代の教え子たちと一緒であった。

新緑のなか、各戸を巡る獅子舞を見物しながら、それを運営する若い人たちの何人かに一世代前の彼らの親と瓜二つの顔を認めた。何だか不思議な気がした。

獅子には「親獅子」と「子獅子」の二種類があった。「子獅子」は「親獅子」の後をついて回るのであるが、この「子獅子」はかつて存在しなかった。聞けば、地域の子どもたちのすべてに参加してもらい、獅子舞をしっかりと伝承してもらうことを目的として創出したものだそうである。

昔も特に獅子取り（獅子の相手をする童子）は子どもの役割だったので、村の友人たちは、この期、その練習に明け暮れていたものである。

しかし、何故か、わたしにはその役割がまわってこなかった。母が、「お前はやらなくてもいい」的なことを言っていたように記憶している。配慮はわかるのだが、差別的な指導でもあったな、と今は思う。

あるとき、祖母が、隣のおばあさんと話をしていて、「うちの子は何もできない子で。笛も吹けず、太鼓もたたけず……」と、わたしを評価しているのが聞こえた。

それまでわたしに向かっては褒めちぎっていたのに何故、とその時、祖母をうらめしく思い、急に心的な距離を感じたことを覚えている。もちろんその評価は祖母の本心からのものではなく、社交上の悲しき謙遜ではあったのだが。

2011.5.11

三浦しをん

さんの書き振りにはどこかで共鳴するところがある。

「神去なあなあ日常」が、このたび映画化されたということで観にいってきた。

小説では、あるきっかけで山村での林業に一年間携わることになった都会育ちの若者が、山人たちの厳しい指導や危険と隣り合わせの過酷な林業の現場で苦闘しながら、人と自然との触れ合いのなかで成長していく姿を描いている。

映画の撮影は、三重県の山間部を中心にオールロケで約一ヶ月半かけて行われたという。小説と違ってエンターテインメントの要素が多くなってはいたが、山の空気の臨場感には素晴らしいものがあった。木々の匂い、草の香りまでもが感じられるようであった。濃い緑に映える木々の映像を眺めているうちに、山奥の村で生活した自分の少年期の記憶が沸々と蘇ってきた。

まずは葬送の隊列を子供心に怯えながら眺めていたこと。それは伐採の折に切り倒された大木の下敷きなって息絶えたと聞いた近所の家の主人の葬儀であった。

次に想起したのは、神隠しのこと。一人の幼児が突然に行方不明となり、数年後、遠くの山峡で白骨遺体で見つかった、と祖母から聞いたことがある。神隠しにあったんだ、天狗さまの仕業だよ、と祖母は言っていた。

その祖母が、後に徘徊するようになった。初夏のある日、山に入ったまま帰らないことがあった。山中を捜索して、ようやく中腹の窪地に佇んでいたところを見つけ、父が背負って山から下りてきた。

そのとき、祖母は父の背中で手足を突っ張りながら、恥じらい気味に、「若い男が、男が・・・」と呟いていた。

2014.7.1

その晩年

に、祖母から、彼女の少女時代の体験談を聞いたことがある。

それは、村の分限者であったある人物をめぐってのことである。奢りを極めていたその人物が、街に女遊びに出かけたあと、しばらくして病気に罹った。祖母に言わせると、「体がだんだんと腐っていく病」ということであったが、それはおそらく性感染症の一種であったのだろう。

村人たちはその病気の感染拡大を恐れ、村はずれの場所に急遽こしらえた小屋の中に彼を無理やりに閉じ込め、隔離したそうである。祖母はその彼のための毎度の食べ物を運ぶ役をさせられたのであった。小屋の入り口の格子戸の前にその食べ物を置くのだが、その度ごとに、彼は涙を流しながら、「頼むから、ここから出してくれ」と懇願したそうである。

明治二十年代の初頭の頃の話である。

研究者になってから、村の老年層の人々に、この事件のことを聞いてまわったことがあるが、誰一人としてその顛末を知る人は存在しなかった。その点で、祖母の体験談は、かつての閉鎖的な村社会の実相の一端を伝える貴重な証言だと考えている。

関連して想起することがある。

それは、中国で、ある大学教師から聞いた話である。

彼が子供の頃、文化大革命時、教員をしていた彼の父は（教養層というだけで）捕らえられ、鉱山で強制労働をさせられていた。そして彼はその現場に父への弁当を届ける役をさせられていた。当時、父が罪人であると教え込まれていたので、悪い人間なのだと思い込み、恨みつつ、いつも弁当を飯場に投げ捨てるようにして帰るのだが、その折ごとに父の目には涙があふれていた。その情景がいつまで経っても忘れられない、と。

2015.8.1

近くのスーパーで食料を仕入れての帰り際、園芸植物が置かれているコーナーにふらりと立ち寄った。

殺伐とした研究室を明るくするために花など飾ろうかと思い巡らしていた折でもあり、鐘形の赤い花が群がって咲いている鉢植えに心が動いた。何よりも多肉質の葉が陽の当たらない研究室でも耐えてくれそうに思えたのである。

オフィスアワーに訪ねてきた学生が、机の上のその鉢花を見て、「きれいですね。何という花ですか」と聞いてきた。気に入って買ったのだが、名を知らない。「さあー」と言ってことばを濁した。

再度、そのコーナーを訪れ、花の名前を確かめた。「カランコエ」とある。辞書によれば、「カランコエ」はラテン語で、日本で流通しているのは、マダガスカル北部の山脈に稀産するカランコエ・ブッロスフェルディアーナの園芸品種で、第二次世界大戦前にドイツの商会から売り出されたのでこの名があるとのこと。

このごろ、新しくおぼえたことばはすぐに忘れてしまう。「カランコエ」も同様、残らない。いつものように記憶ストラテジーとしての地口（口合）法を試みる。しかし、「カランコエ」についてはむずかしい。カランは「蛇口」、コエは「声」などと語呂合わせをしてみるが、時間がたつと忘れそう。

そうこうしているうち、浴室からのボイス・メッセージ、「オフロガワキマシタ」を連想するにいたった。そう、これだと「カランコエ」も忘れることはなさそうだ。

ただし、このところ、花が落ちて緑の葉だけになったその鉢植えに目をやるたびに例のボイス・メッセージが浮かんでくるので、少々困っている。

2010.5.10

週に一、二度のペースで、近くのスポーツクラブのプールで〈歩い〉ている。

かつて、アメリカ映画で、肥満の老人たちがプールのなかを歩いているシーンを見たことがある。その時は、飽食のなれの果てならむ、と軽蔑したものであった。いまそれを自分がやっている。忸怩たる思い、というか、ある感懐にひたるのである。もちろん、周りに肥満の人は少なく、飽食のなれの果てなどということでは決してないのだが。

私の場合、プールのなかを歩くのは三十分、そのあと十分ほど泳いで、ジャグジーにひたる。泳ぐと言っても、いまだ途中での息継ぎが出来ないので、二十メーター置きくらいに足を下ろして止まらざるを得ない。ずっとそのような自己流の泳ぎを通してきている。技術を習うことになぜかプライドが許さない変な性格。（ちなみに、泳法はクロールである。）

ジャグジーで身体をほぐしたあと、スチームサウナで六分、普通のサウナで六分、そしてシャワーのあと冷水につかること一分、風呂で身体を洗って、温水につかること二分、最後に再度シャワーをして終了、というのが私の場合のスケジュールである。その間、約九十分。誰とも口をきかない。知り合いを作ってはいないので、話しかけてくる人もまずいない。そのような状況が実は好きなのである。ただ、周りの人々、特におばちゃん族の談義にはいつも耳をそばだてている。

プールで考えごとをしながら歩くのでは効果がない、と言われるのであるが、私にとってはこの瞬間こそが、過ぎし日々を回顧しつつ、いまの思考の行き詰まりを解消してくれる豊穣の刻なのである。(終了後には体重が三五〇グラムほど減っている。)

スチームサウナのなかで、今日はなぜか寺山修司の歌が思い出されてきた。

マッチ擦るつかのま海に霧ふかし、身捨つるほどの祖国はありや

2012.12.1

今冬、札幌に初雪が降ったのは昨年一一月の一八日。例年よりも三週間くらい遅かったとのこと。その一一月十八日、北大構内のカフェ「エルムの森」で、窓越しに、舞い散る雪花を眺めていた。

この日は北海道方言研究会の例会第二百回大会の開催日であった。この会の第百回大会に参加したので、二百回大会にも是非参加したい、と思っていた折しも、会長の小野米一さんの計らいで講演の招請を受けたのであった。講演では、北海道方言にかかわるサハリン(樺太)での残存日本語の調査結果についても触れた。

この会の事務局長、道場優さんと直接に話をしたのは三十数年も前の国立国語研究所時

代のことであったので、今回は道場さんとの懇談を心待ちにしていた。が、予想した通り、最初すぐには互いを認識することができなかった。

道場さんは野の花の方言に造詣が深い。夏季には、故郷の礼文島に居を移して、観光客に礼文島の植物名についてのガイドをしているという。

礼文島といえば、先に見た映画「北のカナリアたち」を思い出した。これは、ある事件で引き裂かれた六人の子どもたちと教師の心の葛藤が、二十年の歳月を経て、真実とともに溶解していく、そのプロセスを描いた作品であるが、映像のなかでの真っ白な雪景色や夕景の赤と青の色のコントラストなどが印象深かった。

かつて稚内に出かけ、野寒布岬の高台に登って、はるか北方にサハリンの島影を認めたことがある。礼文島と利尻島、そしてサハリンの三つが一緒に見えるのは珍しいと売店の人が言っていた。その折には、フェリーで利尻島に渡り、利尻富士を巡ってドライブしたのだが、残念ながら礼文島には行かなかった。

2013.1.1

学部学生

であった時代、金沢で過ごした。
金沢大学教育学部中等教育科というところに在籍していた。

はるか四十五年も前のことである。

そのときのクラス仲間の数人と、このところ折々に会合を持っている。校長あがりの者を含んで、ほとんどが今は現役を退いて自由の身、有意義に日々を満喫しているようで、少し羨ましくもある。

このたびは、伊勢の二見浦で集合し、近況を報告しあった。

翌日は、二見浦周辺を散策したあと、本居宣長の生地、松阪を訪れ、宣長記念館などを巡った。

二見浦の浜辺を歩きながら、四十五年前のことを思い出していた。

当時、クラスメンバーの有志と伊勢方面を旅する計画を立てたのだが、それぞれの都合を調整することが叶わず、結局一人だけで出かけるはめになったのであった。

金沢駅を出発し、電車を乗り継いで伊勢に到着、伊勢神宮に参詣、内宮から外宮へ移動する途中であったかと思うが、二人の女子高生と知り合いになった。

そのとき彼女たちの口から発せられた「〜やん」ということばが何故か記憶に残ったのであった。この「やん」は、本来、一段活用の動詞に付いて意志をもった否定を表現する形式である。この形式に関しては後にその由来について記述を試みたことがある。

あれから四十五年もの歳月が経過した。

あの二人は今どこにどうしているのであろうか。

2010.12.1

級友

との例会は、いまも継続している。若い頃の記憶は何故にかくも鮮明なのであろうかと、会うたびごとに思い知らされる。

今回は能登の和倉温泉が集合場所であった。世話役は観田健治君。地元、七尾市の教育委員会の委員長をこの春退いた由、少しばかり心身の余裕もできてきたようである。

和倉温泉の「加賀屋」は台湾の北投温泉にも進出していて、その前を横切るときはいつも和倉温泉のことを思い出すのである。もちろん今回の宿所も「加賀屋」ではないのだが。

思えば、私の最初の方言フィールドワークは七尾湾に浮かぶ能登島であった。観田君と二人で出かけたのである。でも、それはもう五十年近くも昔のこと。当時、確かフェリーで渡った記憶があるが、一九八二年に能登島大橋が開通してからは車で直接行けるようになったとのことである。

フィールドワークのきっかけは、言語学者の岩井隆盛先生が授業のなかで能登島方言のバータ〈海〉が朝鮮語のパタ〈海〉とかかわるのではないか、とおっしゃったことにある。ただ、調査の方法も分からないままの未熟な道行であった。

このたび、その能登島に久しぶりに渡って、須曽蝦夷穴（すそえぞあな）と呼ばれる古墳を見学した。この古墳は全国的にも珍しいものだそうで、墳丘には二基一対の石積み墓室（横穴式石室）があるが、このような板石を積み上げたドーム型の墓室は朝鮮半島の古墳に通じるものであるという。そういえば、かつて韓国で見た新羅の古墳の構造と類似しているようにも思えた。

能登半島の神社の八割は渡来系の神をまつっているとも言われている。特に新羅との関係が深いのは、観田君の住んでいる田鶴浜町の白比古神社で、ここは古くは新羅神社と称されていたと言う。

能登半島と朝鮮半島との密接な交流を再認識した旅であった。

2013.9.1

毎年、京都・南座の「吉例顔見世興行」の観劇に、家人の勧めに応じて出かけている。

平成三年の南座新装開場以来のことだから、もう二十年以上にもなる。

今年は一二月七日の夜の部に出かけた。その二日前の五日に中村勘三郎が死去したこともあって、その長男勘九郎の襲名披露の口上では、坂田藤十郎や片岡仁左衛門らが勘三郎の思い出に触れていた。最後に挨拶した勘九郎は、「父が四十六年間名乗り、魂を込めし勘九郎の名前を襲名させていただきました。・・・父のことも忘れないでください」と涙声で締めくくった。客席からは「中村屋」のかけ声とともに激励の拍手がわき起こった。

一二月六日の朝日新聞「天声人語」は、次のように記している。

同世代の死はこたえるが、きのうは心底もったいないと沈んだ。歌舞伎の開拓者にして当代きってのエンターテイナー、中村勘三郎さんはまだ五十七歳。満席の客を残し、早すぎる幕である。『あんた、渋谷で歌舞伎なんて都落ちだよ』。若者の街でコクーン歌舞伎を始めると、祖母に泣かれたそうだ。・・・初舞台から四〇代まで名乗った勘九郎は長男に譲った。孫を加えた三代での上演を夢見て、来春の歌舞伎座こけら落としを心待ちにしていたという。十八代目の襲名にあたり『勘と嗅覚、あとは運』と語っていたが、最後の一つがままならなかった。

上の「コクーン歌舞伎」とは、現代感覚で歌舞伎を見直す試みとして、勘三郎が一九九四年に渋谷のBunkamura内の劇場、シアターコクーンで始めた歌舞伎公演のことである。

ところで、「渋谷で歌舞伎なんて・・・」と悲嘆の涙を流したのは誰なのか。問題はここに「祖母」とある点である。勘三郎が発した「祖母」とは一体誰のことなのか。（おそらく、直接的には「オバーチャン」という表現であったと思われるが。）勘三郎は十七世勘三郎の四十六歳のときの子どもである。とすれば、一九九四年時点に彼の祖母が生きているはずはない。ここでの祖母とは、勘三郎の母である十七世勘三郎の妻、波野久枝のことであろう。勘三郎は自分の子ども（今回勘九郎襲名の披露をした勘太郎）の立場からみて、オバーチャンと表現したものと思われる。そうであれば、記事でこれを「祖母」として言及することは誤解を与えるのではないか。

日本語においては、親族語の運用が子ども中心的になされるのが普通である。たとえば、主婦が自分の夫のことを、子どもに向かって「パパはどこに行ったの」と言ったり、老夫婦が自分の娘のことを、孫に向かって「ママは今どこ」と言ったりするわけである。自分の夫をパパと呼び、自分の娘をママと呼べる日本人は欧米人からは異常な人々として不思議がられているのである。

二月三日、今度は市川団十郎が亡くなった。六十六歳。同年輩の者としてショックである。

「研究室だより」三一　2013.3.15

北千住のシアター1010で、白石加代子百物語FINALを見てきた。

一九九二年六月から始まった白石加代子さんの朗読「百物語」シリーズの最終夜（第三十二夜）である。その最後の話は、三島由紀夫『橋づくし』（第九十八話）と泉鏡花『天守物語』（第九十話）の二話であった。

百物語とは、昔から伝わる怪談会のスタイルであるという。ウィキペディアによれば、「怪談を百話語り終えると、本物の怪が現れるとされる。起源は不明だが、主君に近侍して話し相手を務めた中世の御伽衆に由来するとも、武家の肝試しに始まったとも言われている。」とある。

この言い伝えにしたがって、「百物語」は九十九話で打ち止めにする。それをこの催しの約束事とした由である。

最後の『天守物語』では、妖艶な魔性のものたちが立ち現れ、現実では叶わない願いを成就する。そこに女優・白石加代子の情念が重なって見えた。

今回は座席が最前列であったので、彼女の息づかいを間近で、まさに唾が飛んでくる距離で感じることができた。いくつになっても変わることのない迫力に圧倒されるものがあった。

実は、白石さんは五箇山と関係が深いのである。

白石さんは、かつて鈴木忠志が結成した「早稲田小劇場」の看板女優として活躍した。「早稲田小劇場」は一九七六年から五箇山の利賀村に活動の拠点を移し、それ以来、合掌造りの利賀山房を舞台に作品を上演した。その舞台で白石さんは熱演を続けたのである。

しかし、その前後から鈴木と白石さんの間には隙間風が吹き始めたようである。二人の共同作業が終焉したあと、しばらくして「百物語」は始まったのであった。

白石さんにとって、五箇山はあまり思い出したくない場所なのかもしれない。

2014.12.1

NHK

BSプレミアムで、「女優・満島ひかり まだ見ぬ世界への挑戦」という番組を見た。いま話題の女優・満島ひかりさんの素顔と、彼女がオフィーリア役として出演する蜷川幸雄八十周年記念作品のニナガワ×シェイクスピアレジェンド第二弾『ハムレット』における一ヶ月に及ぶ舞台稽古に密着して、その役作りの葛藤、そして彼女なりの新境地を開いていく過程を長期取材によって追いかけた番組であった。

ちなみに、ここでの彼女の役作りの新境地とは、蜷川の見地からの演技指導を受け、それに感化して開花しつつあるもののことであって、それはもちろんシェイクスピアが描いたオフィーリアの本質に近づくということではない。

『ハムレット』におけるオフィーリアの存在については、河合祥一郎さんが『NHK100分de名著』(NHK出版)のなかで、次のように述べている。

オフィーリア（Ophelia）という名前の頭文字Oは0（ゼロ）を表しており、空白である、という解釈があります。ゼロはそれだけでは何も意味せず、何か他の数字と結びついて初めて存在することができるので、父や兄や恋人といった男性と結びつくことで、初めて社会的な存在理由が与えられるというのです。オフィーリアは常に受け入れる側であって、自分から何かするという能動的な発動権を与えられていない。常に「ああしろ」「こうしろ」と男性から言われている受動的な存在として描かれているのです。

また、ゼロには性的な意味もあります。（中略）

オフィーリア　いえ、何でもありません、殿下（I think nothing, my lord）。

ハムレット　それはまた、乙女の股にふさわしい考えだね（That's a fair thought to lie between maids' legs）。

オフィーリア　何がですか、殿下（What is, my lord?）。

ハムレット　ナニがありませんって言ったろ（No-thing）。

オフィーリアの言ったnothingという言葉を、ハムレットは、あるべきものがない（no-thing）と読み替えて、脚のあいだに何もないのは乙女にふさわしいとふざけているのです。これは明らかに女性蔑視的な文化からくる発想ですが、「乙女の股」（between maids' legs）にあるのはnothingでありつまりはゼロということで、Oの形を女性器の象徴とするのは、当時はよく見られる表現でした。

2015.4.1

雑務の合間を縫ってフランス映画を見てきた。映画の原題はQuelques heures de printempsなので、和訳すれば「春のひととき」か。しかし、その邦題は「母の身終い」。

この邦題の表記が気になった。国語辞書の類には「身仕舞い」という表記しか見えない。「身仕舞い」とは身なりを整えることである。化粧をしたり着飾ったりすることである。身支度とも言う。ただし、「仕舞い」という語にはことがらの最終局面といった意味もある。いわゆる「おしまい」である。だからであろう、「人生の身じまい」といった表現が葬儀社のコピーなどには散見する。遺言についての紹介文にも、「先に逝く者が家族に残す最後のことば。それは人生の身仕舞い、身づくろい」というのがあった。

さて、この映画は、癌細胞が脳にまで転移して治癒の可能性がなくなった独り住まいの女性がターミナルケアの勧めを拒否して、自殺幇助による尊厳死を選択するといった設定で、その間の独身の息子（四十八歳）との日常のさまざまな葛藤、そして心の絆を描いたものである。

その点からすれば、邦題の「身終い」という表記は、人生最期の、最終の身支度というニュアンスを醸し出すためのストラテジーとして上手い表現だな、と思ったことである。

女性の凛とした態度（と言っても、スイスの尊厳死を仲介する団体の責任者が、その意思を確認する際に、「あなたの人生は幸せだったか」と聞いたのに対し、彼女は、「人生は人生なので」とだけ平静に返す、その心持ちを察すると、凛としたという表現は不適なのではあるが）、自律に徹した姿勢には心動かされるものがあった。

もちろん、この映画の主題は尊厳死にあるわけではないのだが、何より尊厳死を援助するNPOの存在や、自殺幇助が認められているということ自体、私にとっては新鮮で、共感を覚えるところもあって、考えさせられた。

2014.4.1

昨年末、

四国在住のある方から、理由を表す接続助詞「けに」と「きに」の新古とその語源について尋ねられ、一二月二十七日付けで、次のような返答をした。

お申し越しの「けに」「けん」と「きに」「きん」ですが、「けに」類の分布の広さからすると、「けに」類が「きに」類より古そうですね。私のふるさと富山にも「けに」「けで」はありますが、「きに」類はありません。なお、「けん」は「けに」の変化形で、「きん」は「きに」の変化形です。語源は確かではないのですが、京都の周辺に理由を表す「かい」が見られますので、「け」のもとは「かい」ではないでしょうか。この「かい」が融合した形が「け」ではないかと小生は考えています。「かい」を祖形とする「け」に、助詞「に」を付加したものが「けに」なのではないでしょうか。

たとえば、関西の「さかい」にも「さかいに」の形が存在します・・・

ところで、関西の「さかい」も「かい」も、この「かい」ではないだろうか（「さかい」の語源は空間を表す「境」に由来する、というのが通説ではあるが）。「さかい」は、近畿から北陸を経て東北へと伸びる分布域を持っていて、その分布模様は「さかい」の出現・流布の新しさを示している。ただし、その系統とされる東方の「しかい」や「すけ」の「し」や「す」を「さかい」の「さ」からの変化形とすることに対して私は違和感があって、この「しかい」こそが「さかい」の原形ではないかと考えたのである。「し」の語源は不明としても、それが「かい」の「か」の母音に引かれて逆行同化を起こし、そこに民衆語源も関与して、中央で「さかい〈境〉」の形に再編成され、新たに北東方面へと進出していった、と推定したのである。

折しも五月の上旬、畏友の工藤浩さんから、柳田国男に同様の見解があるとのお教えをいただく機会を得た。柳田は、シカイ、スケを基盤としてサカイが生まれたのではないか、と述べているのである（「そやさかいに」『方言』四―一、一九三四）。そして、兵庫県の但馬地方にもシケーが存在することを指摘して、これはサカイの外側に取り残された古い形の破片かと思う、とも記しているのである。私の想いは、遅まきながら柳田の想いと一致したわけである。

偶然とは重なるもので、先日、私のゼミ生で豊岡市出身の川畑早紀さんから、突然に、自分の郷里では理由の表現としてシケーと言うのだが、このシケーは一体何なのでしょうか、という質問を受けたのであった。

2012.7.1

ソチ五輪が幕を閉じた。お祭りあとの静けさもまた少しばかり心地いい。

ところで、表彰台での銀メダル受賞者は、金メダル受賞者の右側に立ち、銅メダル受賞者が左側に立つのは何故か、という質問に対して、テレビのなかで、某有名塾講師が、「それは欧州では右の方が左よりも上位と認識されているからだ」と説明していた。

そしてさらに、「日本では逆で、左の方が右よりも上位と認識されている。たとえば、左大臣は右大臣の上位なのだから」と。

だが、はたしてそうであろうか。確かに左大臣は右大臣の上席ではあるが、それは古い律令制における官名のこと。それが転じた右を下座とする用法が近世あたりに散見はするが、一方で古代中国には列位の右側を上席とする用法があり、それが転じた右の位を上位とする用例が多く存在する。「左遷」などという語もそこからきている。また、「右に出る者なし」という慣用句は〈上位に位置する者がいない〉といった意味であろう。

いずれにしても、左が上なのか右が上なのかは一筋縄ではいかないのである。

「左右」という表現自体、左が先である証拠ではないか、と言われるかもしれない。しかし、「さゆう」と字音で読む場合、それは漢語の借用による運用なのである。和語としては「みぎひだり」と表現するので、右が先にくるのである。たとえば、〈左右（さゆう）のどちらを見ても〉ということを言う場合は、「右（みぎ）を見ても左（ひだり）を見ても」となるではないか。

「上下左右」という漢語がある。これに照らすと、左は上に、右は下に対応することになる。ただし、この表現が生まれた背景には筆順があるのではないかと私は考えている。運筆において、上から下へ、左から右へと筆を運ぶのが普通だからである。

もちろん、左右がいつも先後とかかわるわけではない。左翼と右翼などというのもそうだろう。ちなみに、この表現は、本来、フランス革命当時の国民議会で、議長席から見て、左方に急進派が議席を占め、右方に穏健派が議席を占めたことに由来する。

2014.3.1

さわやかな秋空

のもと、河内長野市に出かけてきた。金剛山地、和泉山脈を遙かに望む平静で美しい街である。市の生涯学習推進事業「河内長野地域学講座」での一環としての河内弁に関する文化講演を依頼されての出張であった。

講演のテーマは、「河内弁の世界〜大阪ことばのうつりかわり〜」とした。大阪ことばの変遷のなかでの河内弁の位置づけとともに、河内弁の外部評価（イメージのみに基づいた偏見）が定着した史的要因などについて述べた。

河内弁に関しては、かつて、『南河内ことば辞典：やいわれ！』（二〇〇一）という方言集を分析したことがある。これは富田林市立中央公民館の市民センターの講座に集った受講生の有志の方々が採集した河内の方言語彙を収載したもので、大阪樟蔭女子大学の田原広史さんが監修をしている。

その収載語のなかに、実は、「まっかぁさぁ（＝怖い人）」というのがある。「まっかぁさぁ」とは、日本降伏後の連合国軍最高司令官として日本占領に当たったマッカーサー（Douglas MacArthur）元帥のことであろうが、何故に「怖い人」なのであろうか。このような表現は他の辞書や方言集には見当たらない。私は最初、これは受講生の個人的語彙（idiolect）なのではないかと思ったのであった。

今回、講演のなかでそのことに触れた。質疑応答の際、聴衆の一人が、「こちらが決して逆らえないような行為をする人のことを指して、『あいつはマッカーサーだ』といった表現をする者が周囲にいた」と報告した。確かに河内にはこのことばが存在したのである。

では、なぜマッカーサーなのだろうか、という私の問いに、一人の婦人が手を上げた。そして曰く、「それはGHQの農地改革にかかわることなのではないでしょうか」、と。そうか、と心から納得したことであった。これは、地域共同体として濃密な人間関係を育んできた土壌、かつ在村地主の多かった土地柄の、まさに河内ならではの表現なのであった。

2013.11.1

会話の中で、「〜でしょう」といった言い回しで、聞き手が知っている、あるいは分かっているはずの事柄を取り上げて、確認や同意を求めるような用法は「確認要求」と称される。

しかし、この点に関して、台湾の日本語話者の談話において、聞き手が知らないはずの事柄を提示しつつ、それをもとに後続の発話を展開するといった用法の使用例が多数認められることを簡月真さんがかつて明らかにした（「台湾高年層の日本語にみられるモダリティー『ダロウ』と『デショウ』を中心に」二〇〇六　台湾日本語文学会)。

このような用法は台湾だけではなく、私が収集した韓国やミクロネシアなどの日本語談話にも認められたので、簡さんとともに検討し、この用法を、とりあえず「新情報認知要求」と名付け、ブログで公示したのは、二〇〇六年九月のことであった。そこでは、次のようにも記した。

> 近年、若者の間で、「～じゃないですか」や「～でしょ」による、ここに提示した新情報認知要求の運用が増えてきていることが観察される。次のようなものである。
>
> ・(初対面の人に対して)私って恥ずかしがり屋じゃないですか。だから、
>
> ・(相手が知っているかどうかにはお構いなく)私、(血液型)B型でしょ。ですから、

ところで、旧統治領の日本語話者の談話において、このような表現が多用されるのは、聞き手(・インタビュアー)が理解している(あるいは聞き手にまず理解させる)ことを前提としての〈語り〉といった談話自体の性質が強く関与しているのではないかと考える。それは一面ではego-centricな運用でもあるわけで、その点で近年の若者の表現行動と類似するのではなかろうか。

新しい用例を加えよう。

就任会見などでの発言が物議を醸したNHKの籾井勝人会長が、このたび自身の発言の

影響を認め、ＮＨＫの番組で視聴者に向けて謝罪と説明をおこなった（四月十三日）。ただし、それは会見ではなく収録番組であった。収録形式を採ったことについて、籾井氏は、次のように語ったとある（朝日新聞による）。

・（適切な言葉を使えないので）僕は生放送には耐えられないでしょう。耐えられるだけのスキルを持ちたいと思っているんですが、正直言って無理かなと・・・。

2014.5.1

ひょっと

思い立って、慶應義塾大学三田キャンパスで行われていた鈴木孝夫氏の講演会に出かけた。「ＮＰＯ法人地球ことば村・世界言語博物館」の設立十周年を記念する講演で、「世界共通語はなぜ不可能か――バベルの塔と『中間世界』としての文化」という演題であった。

バベルの塔とは、言うまでもなく、旧訳聖書にある伝説の塔のこと。人間が天にも届くような高い塔を築き始めたのを神が見て、そのおごりを怒り、人間のことばを互いに通じないものにさせ、その建設を中止させたという。鈴木氏は、そのバベルの塔の話に照らして、現代の英語の世界支配とそれのみに基づいた営為を批判しつつ、多言語社会の必要性と重要性について熱っぽく語っていた。ちなみに、「中間世界」とは、外界からの衝撃を吸収する装置、すなわちショックアブソーバのようなものを指すとする。そして、それこそがまさにそれぞれの文化であり、その最たるものが言語である。したがって、言語はそれぞれで違っていなければならないのだ、といった趣旨であった。

鈴木氏は八十六歳だというが矍鑠たるものである。一九七三年に刊行された著書『ことばと文化』（岩波新書）を、シンパシーを覚えながら読み進めたことが思い起こされる。当時、私は二十七歳、東北大学の国語学講座の助手として勤めていた頃である。そのとき鈴木氏は四十六歳であったはず。まだ若かったのだなあ、と今は思う。

かつて、大阪大学文学部での集中講義に来てもらったことがある。英語学講座による招聘であった。その折、夜の懇親会で同席することになった。いろいろ話すなかで、「弱い者はなるべくひっそりとしているべきだ、云々」といった談話に、実は強者の論理を感じて、少しばかり違和感を抱いたことがあった。

しかし、そのような言い回しは、生きとし生けるものの多くを観察し続けた結果に基づく、鈴木氏なりの矜恃を持った表現であったのだ、と思い返してもいる。

2013.7.1

ある研究会

で、韓国の社会言語学者、洪珉杓さんの報告を聞く機会があった。洪さんは日韓の言語行動の比較研究をしている気鋭の学者である。このたびも日本人と韓国人の挨拶行動の違いがテーマとなっていた。そのなかに、往々話題となる日本人の挨拶の特徴とされる繰り返しの表現や行動に関しての言及があった。その一部を掲出する。

韓国語の「カンサハムニダ」や「ミアンハムニダ」はその場限りの感謝や謝罪のことばであり、過去とは関係なく未来志向の意味が多く含まれているが、日本語の感謝や謝罪の表現には「どうも」「いつもお世話になっております」「いつもすみません」のように過去の出来事を前提に何度も繰り返して使う表現が多い。日本では誰かにお土産をもらったり、あるいは誕生日のパーティーなどに招待されると、次に会った時は「この前はどうも」などのお礼のことばを言うのが常識とされている。

研究会後の懇親会の折、洪さんと二人で話した。彼によると、一度親密な関係になればそれは未来永劫の付き合い、と考えるのが韓国人であり、そこにおいては過去の出来事に対する儀礼的なことばなど不要、とのこと。

このことに関して、かつて拙書が韓国版に翻訳されたとき、「現代の日本人にはウエットな関係よりもクールでドライな関係の方が志向されている」という部分について、翻訳者が、それをプラス評価として理解することは全くできない、と述べていたことが思い出された。なお、日本人が過去の出来事に言及して挨拶するのは、その出来事が終わり次第、互いの関係は〈初期化〉される、との認識のもとに、でも決して忘れてはいませんよ、という気持ちを表明するための行動なのだ、と私は解釈している。

過去の出来事に対する〈初期化〉という点にかかわって、いわゆる歴史認識をめぐっての、「加害者と被害者という歴史的立場は千年の歴史が流れても変わることはない」とする朴槿恵大統領の発言の向きについても私なりに思うところがある。

2013.4.1

宮崎県の椎葉村を訪れた

以前から、訪れてみたいと思っていた土地であった。

柳田国男が椎葉を訪れたのは一九〇八（明治四一）年、今を去る百年前のことである。その翌年に著された『後狩詞記』は当地の狩猟語彙を中心に記したものであるが、そこには、いわゆる「方言周圏論」発想の原点ともいえる言及がある。

私は、かつて、次のように述べた。

柳田は早く『後狩詞記』のなかで、宮崎県椎葉の山村を訪れた折の印象を記して、

山におればかくまでも今に遠いものであろうか。思うに古今は直立する一の棒ではなくて、山地に向けてこれを横に寝かしたようなのがわが国のさまである。

と述べています。これはまさしく歴史的変化が地理的変異との相関で把握できることに触れた注目すべき言及です。（『柳田國男全集一九解説』ちくま文庫）

このたびの椎葉では、その『後狩詞記』に収録されている狩猟語彙を、現在の狩人たちに確認する作業をしたのであるが、その過程においての、イノシシを射止めた直後にその血を飲み、生の肝を食するという談話が心に残ったのであった。

椎葉訪問の後、しばらくして台湾の東呉大学に集中講義で出かけた。滞在中、話題の映画「セデック・バレ（賽徳克・巴萊）」を見た。この映画は、一九三〇年に起こった原住民族セデックによる抗日事件の「霧社事件」を題材にしたものである。ちなみに、セデック・バレとは、セデック語で「真の人」の意の由。映画での使用言語はセデック語と日本語で、字幕が中国語という構造が興味深かった。

そのなかで、セデックがイノシシを射止めた後、血を飲み、生の肝を食する場面が現れたのである。日本と台湾の山岳民が狩猟民族として繋がっていることを実感した瞬間であった。

2011.10.1

台湾東部

の宜蘭県の山辺の村に、日本語と現地のアタヤル（泰雅）語との接触によって生まれた新しい言語変種が存在する。この言語変種は、主に大同郷の寒渓村と南澳郷の東岳村、金洋村、澳花村に住むアタヤルとセデックの人々（のすべての世代）によって用いられている。その調査と分析をいま進行させている。この言語変種は、日本語をベースとしたものではあるが、アタヤル語の要素が多く取り込まれ、また中国語の要素なども加わった、あくまで独自の体系を持つ一つの「言語」である。

地元、寒渓村の若者の有志が、この言語変種を自分たちの先祖のことばであり、原住民族語の一つであるとする運動を展開した結果、二〇〇六年、当局からこれがアタヤル語の一方言（「寒渓泰雅語」）として認められるにいたった。

この言語変種は、地元では、「kangke no ke（寒渓村のことば）」、「tang-ow no ke（東岳村のことば）」、「zibun no hanasi（わがことば）」、「日本土語」などと呼ばれていて、一般には、アタヤル語よりはどちらかといえば日本語だと捉えている人が多い。ただし、ある古老は、「これはわれわれの母語であるが、日本語そのものではない。正式な日本語は別にある」と述べていた。このように、日本語との違いを明確に認識している人もいるのである。

私と共同研究者の簡月真さんは、この言語変種に対して、「日本語をベースに形成されたクレオール語」という意味合いで、「日本語クレオール」と称して報告してきたのだが、これを即「日本語変種」として誤って受け取られている状況をやや危惧もしている。クレオール語と認定する以上、われわれはこれを独自の言語と捉えているわけである。実際、伝統的アタヤル語を母語とする話者も日本語を母語とする話者も、これを聞いてほとんど理解することができない。そのように、体系が極度に再編成されているのである。言語学的定義としてのクレオール語の意味合いをわきまえず、また、これを在日コリアンの日本語や沖縄でのウチナーヤマトゥグチなどと同質のものとみなすような筋違いな受け取り方も存在する。

この問題に関して、現地での調査に従っている簡さんとの検討の結果、これを「Yilan Creole（宜蘭クレオール）」と呼ぼうという結論に達した。今後、この日本語系クレオール語を「Yilan Creole」と称して記述していくことにする。

Yilan Creoleの分析がクレオール語研究の世界に新たな一石を投ずるものになればと念じている。

2009.8.1

国語研での共同研究プロジェクト（課題名「日本語変種とクレオールの形成過程」）を主宰して四年目に入った。このプロジェクトもそろそろ幕を閉じようと思っている。

先般九月上旬に、プロジェクトメンバーのひとりである全永男さんのお世話で、中国の延辺大学を会場として、いままでの研究成果を報告・発表する会を開催することができた。その発表会の前日、九月三日は延辺朝鮮族自治州成立六十周年の記念式典の日であった。

思い出すのは、ちょうど十年前の自治州成立五十周年記念の日、私はこの地、延吉市を訪れていた（119頁参照）。

今回はいわゆる中央からの招待客が多いということもあって、一般住民には、記念式典本番前日に、予行演習的に行われる催しへの入場券が発売された由である。先に購入してもらっていたその入場券を手にして式典を見学することになった。

マスゲームの整然さは十年前とまったく変わらなかったが、人文字からは商業宣伝が影をひそめていて、健全かつ清潔な感じがした。本番の予行演習なので、偉いさんたちの挨拶などもなく、じっくりと舞踊を鑑賞することができたのは幸いであった。

延吉の町は十年前とくらべ、もちろん自動車の増加で騒がしくはなったのであるが、さらに美しく明るくなったことが印象的であった。夜になると町中の建物がライトアップされて、きらびやかに輝くのである。同行したダニエル・ロングさんはライトアップされた役所を「ブティックホテル」と見間違っていた。

節電の徹底で薄暗い日本の町と対照せざるを得なかった。もっとも私自身はどちらかと言えば薄暗い方が好みなのであるが。

2012.11.1

例年、奈良大学では、「全国高校生歴史フォーラム」を開催している。このフォーラムは、全国の高校生たちから、彼ら/彼女らが調査・研究した地歴に関するレポートを募集し、その中の優れた研究レポートに「優秀賞」を授与するというものである。

今年度も、厳正な審査の上、いくつかの研究が優秀賞に選ばれた。そのなかに岐阜県立益田清風高等学校の田口裕太君による『「がんどうち」～文化の街、萩原町。今なお続く伝統行事～』がある。これは、下呂市の萩原町で三月三日、桃の節句に子どもたちが雛飾りのある近所の家々を訪ね回り、お菓子類をもらって歩く「がんどうち」と称される行事についてのインタビューによる実態報告である。

「がんど」のもとは「がうたう」である。古くは「がうたうする」といった表現で他人の品物や金銭などを暴力的に奪い取ることを意味した。平安末期の辞書に載せられているが、その後も多くの文献例がある。室町末期には「強盗に入る」という意味での「がんだうつ」という形が現れる。本来の語「がうたう」が、「がうだう」、「がんだう」、そして「がんどう」、「がんど」と変化したのである。この語は、江戸末期以降、中央では「ごうとう」という発音が一般的になった。萩原町での「がんど」は、この泥棒を意味する「ごうとう（強盗）」につながる語なのである。

「他人の金品を暴力で無理やり奪い取る」という意味での「がんどう」という語は、全国各地の方言に見られるが、東海地方の各地ではそれが「がんどをうつ」という表現で、「雛祭りに、子どもたちが供え物のお菓子などを強引に盗み取る」ことへと変化して使われた。それもはじめは、「三月の節句に女の子どもたちが飲食しているところへ男の子たちが出かけていって食べ物を強要する」ことだったのであるが、後に、「雛をまつっている家々を子どもたちが回って供え物やお菓子をもらって歩くこと」という意味に変化したのである。

このような行事は、現在も飛騨益田地域の周辺で、また名古屋市や渥美半島の一部などにも見られ、民俗学的・方言学的に大変に興味深い分布状況を示す事象なのである。田口君の研究は、特にその現代的な変容をフィールドワークによってきっちりと記録したもので、その点を高く評価したのであった。

2013.3.1

講義

で、「言語権」について触れることがある。

言語権とは自らの言語、特に母語(・母方言)を自由に用いる権利のこと。その権利保障の対象主体とされるのは、一般に、社会における主流派言語以外の言語の話者(・話者集団)であり、国にその保障のための施策が課せられる。

かつて、講義の中で言語権の是非についてのアンケート調査をしたことがある(二〇〇八~二〇〇九年度)。実施したのは、東京大学、大阪大学、奈良大学、金城学院大学、大阪YWCA専門学校の五校。

その結果、全体的には、言語権を「大切だ」「必要だ」「守るべきだ」として〈認める〉者は六十六%で、「意味がない」「必要ない」として〈認めない〉者は十一%であった。

その内訳で対照的だったのは、YWCAと東大で、YWCAでは〈認める〉九十七%、〈認めない〉三%と、圧倒的に〈認める〉派が多かったのに対し、東大では〈認める〉三十八%、〈認めない〉三十四%、〈ノーコメント〉二十八%と、両派が均衡していた。しかも、東大では、〈認める〉派においても、「時間や負担がかかる」「実際には無理だ」とするものが六十七%を占めていた。東大生は、現実をよりシビアに見ていることが分かる。

ちなみに、わが奈良大学での二〇〇九年度の調査では、「言語権について初めて知った」三十七%で、〈認める〉派六十三%、〈認めない〉派九%であった。ところが、である。それから五年が経過して、今年度、改めて同じアンケートをした結果では、「言語権について初めて知った」七十六%、かつ〈認める〉派八十九%、〈認めない〉派は皆無であった。「初めて知った」という者が逆に増えていることがショックなのだが、より残念なのは、課題と対峙しつつ真剣に考える、といった態度がやや希薄になっていると感じられる点である。

心根は優しいが社会的問題には無関心、そして何事に対しても受身的、であるように見える現在の一般の若者たちも、その事態が自分自身に直接かかわる(ふりかかってくる)ものであると認識した時には、必ずやアクションを起こすであろう、と信じてはいるのであるが。

2014.6.1

これまで

何冊かの本を執筆してきた。それぞれについて、題名（書名）を呻吟しつつ考える、その名付けの過程はまさに愉悦の時間でもあった。

そのなかに、実は、内容と書名とが異なってしまい、いまも心地のあまりよくないものがある。『方言は絶滅するのか─自分のことばを失った日本人』（二〇〇一）もその一冊。この本については、「方言に固執するのではなく、個人の心性に適った自分なりのことばを発見する」といった内容で書き進め、まとめたものであった。しかし、書名については、最終的に出版社側からの強い要請に折れてしまった。（売るために）時流に乗る、というのがその要請の理由であることが分かっていたから（・のに）、である。

その本が新聞広告に載ったとき、新潟県在住のある方から、出版社にコメントが寄せられた。それは、「絶滅」などという題名を付ける著者のセンスを疑う、消えるべき方言もあるのではないか、といった内容であった。それこそが私の述べたかったことだったので、その方に本を送呈するとともに、詳しく経緯を記した手紙を送ったのであった。返事には、「読まないで批判してしまった、書名は出版社が付けたものだったことを知らなくて、申し訳ない」といったことが書かれていた。

当時、その本の編集に携わってくれたのが三島邦弘さんであった。三島さん個人には本の構成や記述に関して細やかな意見をいただいて感謝していた。ただ、書名については、何度か電話でやり合ったのである。その折々の上司の指示を伝える三島さんの声が何だかシンドそうだったので、あるシンパシーを感じ、それがずっと心に残ったのであった。

そして十年後の二〇一一年、新聞で『計画と無計画のあいだ』（河出書房新社）という本が紹介されていて、著者：三島邦弘とあった。あっと思って、早速に買い求めた。そこで三島さんの心根を深く理解することになり、私の思い（感覚）も的外れではなかったことを認識したのであった。その共感は、このたび新しく著された『失われた感覚を求めて』（朝日新聞出版）を読んでも変わるところがない。たえず「原点回帰」を標榜するミシマ社代表、三島さんの出版活動を余所ながら見守りたいと思う。

2014.11.1

かつて、「環太平洋の『消滅に瀕した言語』にかんする緊急調査研究」プロジェクトに従事していた頃のこと。アイヌの人たちが、「絶滅が危惧されている」とか「消滅の危機に瀕している」とかの表現を自分たちのアイヌ語に対して用いてほしくない、と表明していることを聞いて、少し複雑な、実は重い気持ちになったことがあった。

閑話休題

博物館の学芸員資格取得のための科目として博物館実習というのがあるが、奈良大学では、その実習の引率指導の一部は担当学科の教員だけでなく、他の学科の教員も関わることになっている。その役割分担として、受講生たちを天理大学の博物館、天理参考館に引率、案内したときのことである。

参考館の展示室では、「世界」と「日本」の文物がそれぞれ別領域のものとして展示されている。そしてそこではアイヌ関係の資料は「世界」領域の方に分類されているのである。その入り口で、ある女子学生が、私に向かって、「なんでアイヌが日本ではなくて世界の方に入っているのですか」と質問してきた。そこで私は、アイヌ民族の歴史やアイヌ語の系統をめぐって得々として語ったのであった。

それを聞いた後で、彼女が、「やっぱり私は日本人ではないのですね・・・」とポツリと言ったのである。

・・・しばらくの間、二人で見つめ合いながら沈黙の時が流れた。

そのとき、実は同じような感覚にひたった瞬間が以前にあったことを思い出していた。それは、一九九六年の夏のこと。ハワイを訪れ、ハワイ大学の図書館で資料を渉猟していた時のことである。沖縄関係の資料を探していたのだが、「日本」コーナーの棚のどこを探しても一冊も見つからない。そこで、司書に尋ねたところ、「それはもちろんアメリカ領域の棚の方ですよ」という内容の英語で、事もなげに宣ったのである。

それは、沖縄が、琉球がアメリカの支配のもとに未だ置かれたままである、ということを、身をもって感じた瞬間であった。

2015.6.1

台湾

の映画賞「金馬奨」は、中華圏で最も歴史が長く、かつ権威ある賞の一つである。

その地元台湾で大ヒットした、かつての高校野球を題材とした映画「KANO 1931海の向こうの甲子園」が、二〇一四年度の「金馬奨」で、最優秀作品賞、主演男優賞、新人監督賞、オリジナル楽曲賞など主要六部門にノミネートされた。しかし、一一月二十一日の授賞式では、観客賞と国際映画批評家連盟賞の二つの賞を受賞したのみで、主要部門での賞は獲れなかった。その受賞では中国勢の活躍が目立ったため、台湾人の不満が噴出したとも聞く。そして、「日本に媚びている」とも批判されることのあった「KANO」が、中国当局から、いわば〈封殺〉されたのではないか、などといった噂も存在するようである。

ことの真否はさておき、その金馬奨の最優秀ドキュメンタリー賞を二〇一三年度に受賞した映画「天空からの招待状」が、このたび日本で公開されるという情報を耳にして、早速に観にいってきた。

監督のチー・ポーリンが台湾の大自然とその変容の様相を上空から撮り続けたドキュメントである。制作の総指揮は「悲情城市」で有名なホウ・シャオシェン、音楽は「セデック・バレ」で記憶に新しいリッキー・ホーということで、期待をした。

大自然の美しい映像だけではなく、その麗しき自然を、その環境を無惨に破壊する現代の経済優先の営みの現実を、三年をかけて日々空から撮り続けた映像によって、まさにリアルに描き出している。

強いメッセージには心が揺さぶられるものがあった。その危機感は共有するところである。しかし、ではどうすればいいのか。ことは単純ではないのではないか、とも思ったことであった。

豊かな生活を営むための経済的発展において環境破壊は必ず付随するものなのかどうか、そのかかわり、その相克についても考えさせられた。

さて、原発の再稼働を決行した日本の行く末に、はたして展望はあるのだろうか。

2015.1.1

そして今――奈良のわかれ

信心が篤いわけではまったくないのだが、八月の十五日には五箇山に帰り、墓参りをすることが慣例となっている。海外出張中の年を除いて、ほぼ毎年帰郷している。

墓所は生育した真木集落の上手にある。個々の家の敷地内にあったそれぞれの墓を一ヶ所にまとめ、そこで集落の成員とその関係者が、僧侶の読経のもとに一緒に墓に参るという行事が始まったのは、たしか私が二十代半ばの頃であった。

とは言っても、墓は六基だけである。いつぞや阪大の国語学・日本語学研究室の教員たちとその墓所を訪ねたことがあった。同行した金水敏さんが、「八つ墓村じゃなくて、六つ墓村なのですね」と言ったことを、行くたびに思いだして苦笑している。

子どもの頃、集落には七軒の家があった。当時、集落の構成員は四十五人くらいであったかと思う。その後、一軒が減って、学生時代には構成員が三十人弱になっていた。そして、さらに二軒が減り、現在は四軒だけとなっている。昨年、集落の成員は八人いたのであるが、その後、そのうちの三人が養護老人ホームに移り、今年は、驚くべきことに成員五人だけの集落となってしまっていた。

「限界集落」などという表現があるが、限界点など、すでにはるかに超えている。他人事のように観察すべきことではなく、忸怩たるものがあるのだが、日本の地域社会の行く末を現実として見せられている思いでもある。

真木集落の歴史は古い。祖父の兄に当たる真田治兵衛が著した『懐中萬覚記』には、天明七年（一七八七）に調査された村名の由来（表記）に、次のような記述のあることが紹介されている。ちなみに、元和八年は一六二二年である。

真木村の事

一、元和八年　高物成帳ニハまき村ト御座候

二、寛永七年　品々帳ニハ牧村ト御座候　貞享年中上野村五郎右衛門儀ノ鉄砲帳ニハ真木村五郎右衛門と書キ上ゲ来リ申シ候　先年ヨリ牧村ト書キ上ゲ申シ候所　向後ハ真木村ト書キ上ゲ申ス可ク

旨御算用場ヨリ仰セ渡サレ候ニ付元禄元年ヨリ真木村ト文字替リ申シ候　2014.10.1

仙台

での学生時代。同じ下宿屋の離れに住まいしていた、ある先輩（たしか、地球物理学を専攻していた院生であった）と一番丁の街路で出会った折の、彼が見せた笑顔、その優しい眼差しが心に残っている。

彼にとってはすれ違いざまの何でもない仕草だったのだろうが、当時、大学紛争の渦中で壊れかけていた私はその微笑に救われる思いがしたのである。大袈裟に言えば、生きる希望がわいたのであった。四十年以上も前の、若き日のことである。

そのことを心に刻みながら、今も悩める学生たちと道ですれ違う折などにはできるだけ笑顔を返すように努めている。

実家を離れて生活するようになったのは高校一年生からであった。それから何度引っ越しをしたことか、数え切れないくらいである。引っ越すたびに、持ち物を思い切って捨ててきた。ただし、今までに捨てられず、ずっと私にくっついてきた物がある。それは、左手を頬にあて、首をかしげて目を閉じたまま微笑している少女の姿をかたどった小さな「土偶」である。いつもはまったく意識していない。しかし、それは年末の大掃除のときなど必ず本棚の奥から現れて自己主張をする。ここまで来たら離すわけにはいかない、と観念してもいるのである。

先日、斑鳩の中宮寺を再訪し、例の弥勒菩薩像とじっくり対面する機会を得た。清純な気品をたたえる優美なる半跏思惟像に、わが「土偶」は及ぶべくもないのだが、互いの微笑にはどこか共通するものがあることを発見した次第である。

2010.1.5

晩秋の奈良は美しい。

近くに秋篠寺がある。季節の折々、その御堂に立つ「伎芸天（女）」に会いに行く。「伎芸天」のあの優しい微笑は、疲れきっているとき、心を癒してくれる。

しかし、ある時から、「伎芸天」がこちらの心の中を見透かしているように思えて、その微笑が何だか少し怖くもなってきたのである。

そういえば、かつて娘が、「お父さんはけっして口に出しては叱らないけど、私が何かしでかした時の、あのニヤリとした笑いが私には一番こたえる」と言っていたことを思い出す。こちらとしては、堂々と叱れるほどの自信もなく、また権威をふりかざしたくもない、というか、実はあまり具体的な何かを意図しているわけでもない、いわば困惑気味での非言語行動なのであるが、むこうにはそのような行動自体が何か自分の弱点を見透かされているように感じられるらしいのである。教え子たちからも異口同音にそのような評価を聞くことがあった。

いつぞや、韓国からの留学生K君から聞いた、彼の奥さんによる「評」のことがまた思い出される。

「先生はどうしてあんなに優しいの？先生はひょっとしてヤクザじゃないの？本当のヤクザは優しいっていうでしょう。」

嗚呼。

2008.11.5

紅葉狩り

は正暦寺に出かける。

正暦寺は奈良市東南の郊外の山間にある。境内の三千本を超えるカエデが色づく頃には、木々の黄色もまじえて山全体が美しい錦で着飾ったように見えるところから、ここは「錦の里」と称されている。

紅葉を映して流れる清流、菩提仙川の水を使って醸造された「菩提泉酒」は古来有名である。日本酒は、もともと濁り酒だった。室町時代に「無上酒」と呼ばれた清酒（すみさけ）を醸したのが正暦寺であった。そこで、ここには「日本清酒発祥之地」の石碑が建っている。

さて、酒の話をしよう。

二十代の頃は、酒といえば二級酒、それを熱燗で飲むのが普通だった。銘柄など考えることはなかったように思う。そんなことを想いながら、最近読んだ篠原徹さんの『酒薫旅情　琵琶湖が誘う酒と肴の俳諧民俗誌』（社会評論社）に、同じ思いが綴られていて感慨深かった。

五十年ほど前といえば、私が学生のころであるが、酒は二級酒そして燗酒で飲むのが普通であり、おでん屋の古びた座敷ではテーブルの真ん中に盃洗の容器に水が張ってあったりした。

銘柄なんて考えたこともなかった。

それが、冷酒や地酒の旨いものなどに関心が集まりだした。

新潟の「越の寒梅」などはその典型的な例である。

篠原さんは、私と同世代である。かつて私の編集した『命名の諸相』（大阪大学社会言語学講座）の中に、留学生による「焼酎のネーミング」というレポートがあって、それに強い関心を示してくれたことがあった。このたびの『酒薫旅情』を読みながら、さもありなん、と感じた次第である。

かつて、したたかに浴びた翌朝に、二日酔いの気分を俳句にして詠んだことがあった。

酒飲めば　いとど鋭き　今朝の笹　　2015.12.1

岩波書店

のジュニア新書編集長の森光実さんから「植村牧場」を紹介してもらったのは昨年の初冬のころであった。奈良に住み、コスモスの花の季には般若寺を訪れていながら、またその近くに牧場があることを知りながら、その詳しい内容を知らずにいたことが恥ずかしく思われる。

「植村牧場」は、般若寺の北門の向かい側にある、創業が明治一七年という奈良では一番古い歴史を持つ牧場である。広さは約一、五〇〇坪、乳牛三十五頭のこの小さな牧場で、知的ハンディのある青年たちが、四代目牧場主の黒瀬礼子さんを〝ねえちゃん〟と慕いながら、手作業で昔ながらの牛乳づくりを大切にしてきた。この牧場の日常が「小さな町の牧童たち」という記録映画になっている。

ここでの取れたての牛乳は、地元はもちろん、遠い地方の贔屓たちから大変に喜ばれているのだという。私は、残念ながら、体質的に牛乳類を（多くは）受け付けないので、ソフトクリームを食してみただけなのであるが、その甘さを抑えた、そしてコクのある味わいには心が動いた。

牧場内にカフェレストラン「いちづ」がある。「いちづ」の名付けは映画監督の河瀬直美さんによる由。クリームコロッケ、グラタンライス、ステーキどんぶりなどのレギュラーメニューと特製アイスクリームやパフェなど新鮮な牛乳を使ったデザートも充実している。

私にはしかし、シンプルなソフトクリームが一番に馴染むのである。

2007.9.7

奈良

に住まいするようになったのはまったくの偶然である。東京の国立国語研究所から大阪大学文学部に配置換えになった折、当方の宿舎要求に対して供されたのが奈良市学園大和町の公務員合同宿舎であった。三十年ばかり前のことである。その後、この土地に慣れて、学園前に住まいを定めることとなったのである。

伯父の家族も奈良の橿原市に住んでいる。伯父が奈良に住むようになったのも偶然であった。伯父は明治後期に五箇山で生まれた。長男ではあったが、自分は山仕事には向かない体質であると悟って、都会に出ることを決意したのだそうである。一九二三年、大正一二年のことである。最初、東京をめざし、上京したのはその年、九月一日の朝であった。例の関東大震災が東京を襲ったのは、その日の午前十一時五十八分のこと。伯父は上京の数時間後に壊滅しつつある東京の町を目に焼き付けたのであった。伯父は生前、その様相を何度も語り聞かせてくれたものである。伯父は東京から転じて、郷里の知人で、大和で売薬業に従事していた人のもとに身を寄せることになった。それが奈良に住居を定めるきっかけとなったのである。

偶然と言えば、今は亡き義父のことも忘れられない。義父は戦争末期の一九四五年、軍属として広島で勤務していた。大阪への出張依頼を受け、広島市を発ったのは八月五日の夜であった。しばらくして帰り、目にしたのは廃墟と化した町であった。荒漠として遙か遠くまでが見渡せたという。そして幽霊のように立っている樹木の裏側だけが緑のままで異様な感じであったことが忘れられないという。義父は、その後原爆症を発症することもなく、七十六年の生涯を全うした。

2009.9.1

あとがきにかえて

大阪大学の定年後、奈良大学に勤め、文学部国文学科の一員として「国語学」を七年間講じてきた。なんだか昔に戻ったような気分で、実にすがすがしく楽しい日々であった。

寓居から研究室までは約五キロ、車だと十分で到着する距離である。阪大では片道二時間近くの道のりを二十七年間も通い続けたことを思うと、この至近距離は不思議なくらいである。

寓居のすぐそばを流れる秋篠川に沿った遊歩道に桜の木が一列に植えられている。その遊歩道をまっすぐ進めば四十分で大学の麓近くに到着する。満開時に桜のもとを歩いた折の爽快な気分が忘れられない。

大学の「麓」と書いたが、その住所は山陵（みささぎ）町、まさに青山の、その杜のなかに校舎はある。研究室から若草山が見渡せる。東大寺大仏殿の甍もかすかに見える。

「奈良で学ぶ贅沢」という大学のキャッチフレーズもけっして誇大広告ではない。学生たちの出身地を聞いて驚いたものである。西日本を中心としてではあるが、沖縄から北海道までのほぼ全国にわたっている。その点、阪大などよりもバラエティーに富んでいる。最初、授業で関西での若者の方言回帰のことを話したのだが、どうも乗りがよくないことが気になった。しばらくして彼らの出身地を聞き、その理由が分かったのである。急遽、全国的な方言復興の様相を、さらには世界の方言復興の流れを話題にすべく、内容を変更するはめになった。トピックは、たとえば、「標準英語の本場であるイギリスでも、一九九〇年代以降、バック・トゥ・ローカルという動きが急速に進展した。サッカー界で活躍したベッカムの出身地はイングランドのエセックスなのだが、彼はインタビューで、エセックス訛り、その方言を売り物にした。それが若者たちにはクールで格好がいいと評価された。そしていま、若者たちは携帯電話で訛り丸出しのままで話している。」などといった状況についてである。

もっとも、高校で古典や現代文に興味をいだいて、史学や文学を志向してこの大学に入ってきた学生が多いようなので、言語そのものの話には乗りにくかったのかもしれない。だが、私としては、自分自身の日々のことばづかいを見つめることから思索が始まり、視野が広がっていくのだということを話しつづけてきたつもりである。

奈良大学の学生たちから受ける印象は、その真摯さと心優しさ、そして秘めた情熱である。他の大学ではあまり見ることのできなくなった懐かしいものがここには確かに存在する。その良質な性向をさらに向上させ、社会に対する見方をしだいに順調に改進させていくような涵養を期待したいのである。

二〇一六年一月八日

奈良・学園前にて　真田信治

本書は、ブログで連載している「季節のエッセイ」を集成したものである。掲載するに当たって文章の一部に手を入れた。ブログ以外のものについてはその出典を明記した。

なお、書名（主題）は、万葉集の大伴家持の歌（巻二十・四四八三）を下敷きにした。

真田信治　さなだ・しんじ
奈良大学教授、大阪大学名誉教授、台湾・東呉大学客員教授。
主な著書に『地域言語の社会言語学的研究』（和泉書院　金田一京助記念賞受賞）、『日本語のゆれ』（南雲堂）、『脱・標準語の時代』（小学館文庫）、『方言は気持ちを伝える』（岩波ジュニア新書）、『越境した日本語』（和泉選書）など。

変わりゆく時見るごとに
二〇一六年二月二十四日　第一刷発行
著　者　真田信治
発行者　勝山敏一
発行所　桂　書　房
〒九三〇-〇一〇三　富山県富山市北代三六八三-一一
電話　〇七六-四三四-四六〇〇
振替　〇七六-四三四-四六一七
印　刷　株式会社　すがの印刷
製　本　株式会社渋谷文泉閣
検印廃止

ISBN978-4-905345-98-5